cinq nouvelles

nouvelles

New York

APPLETON – CENTURY – CROFTS

Educational Division

MEREDITH CORPORATION

beckett

vian

pinget

robbe-grillet

le clézio

cinq
nouvelles
nouvelles

edited by
RAYMOND FEDERMAN
State University of
New York at Buffalo

acknowledgments

Permission to reprint the stories in this volume is gratefully acknowledged to the following:

Editions de Minuit, Paris, for "Le Calmant," from *Nouvelles et Textes pour rien* (1955), by Samuel Beckett; "Journal," from *Entre Fantoine et Agapa* (1951), by Robert Pinget; "Le Chemin du retour," from *Instantanés* (1962), by Alain Robbe-Grillet.

Editions Jean-Jacques Pauvert, Paris, for "Le Rappel," from *Romans et Nouvelles* ("Les Lurettes fourrées", 1962), by Boris Vian.

© Editions Gallimard, Paris, for "Il me semble que le bateau se dirige vers l'île," from *La Fièvre* (1965), by J.M.G. Le Clézio.

Permission is gratefully acknowledged to *Agence Photo Pic,* 21 avenue du Maine, Paris 15e, for the photographs of Samuel Beckett, Boris Vian, Robert Pinget, and Alain Robbe-Grillet.

The photograph of J.M.G. Le Clézio by Etienne Hubert appears through the courtesy of Editions Gallimard.

Library of Congress Card Number: 70–115011

740–1

PRINTED IN THE UNITED STATES OF AMERICA
390–30 395–X

contents

cinq nouvelles
nouvelles

introduction

Even though, as it is generally agreed, the American short story does not have a specific form or an established procedure, it functions according to a set of unformulated rules with respect to characterization, plot, and setting. It is thus a definable narrative form, the art of which can be taught, as it is today in creative writing classes in many American universities. Within the constraints of the genre, the short story writer strives for ultimate perfection. He attempts to furnish, as economically as possible, as many facts as he can with the utmost selectivity, and in the most orderly manner. The final product is considered successful if "it holds together." The American short story writer is, therefore, a perfectionist who rarely questions the medium in which he is working, but rather tries to refine it.

Unlike the American short story, the French story, whether it is called *un conte, une nouvelle,* or *un récit* (the distinction lies basically with the length of the text, and with various degrees of departure from realism) was born, like the Greek tragedy, almost perfect, and therefore formless and unruly. As such, it cannot be defined in terms of specific rules; it need not seek perfection; it cannot really transform itself. Instead, it offers itself as ground for experimentation, but less with respect to its form than in its approach to the meaning of fiction, that is to say in its own self-awareness. It is primarily the domain of excursions into the unrealistic, into the irrational, into fantasy.

Whereas many American authors have been known to be strictly short story writers, few French writers have devoted their entire literary production to this genre. Maupassant, of course, has been regarded as the master of that type of narrative, even though he also tried, with less success, his hand at the novel. In other words, few French writers have concentrated on being short story specialists, but many have used and abused the form as working space, training ground for more ambitious and more complex works. The five authors represented in this volume have all written novels. Three of them (Beckett, Pinget, Vian) are also renowned dramatists, and a fourth (Robbe-Grillet) has departed from the written word to the visual image to make films. It seems, therefore, that for these writers the short story has been mostly an incidental if not an accidental form to which they have turned on occasions to explore, in a more concentrated manner, the realm of fiction. However, this does not imply that their short stories are inferior to their novels. On the contrary, the stories are often more daring in techniques, more deliberately illogical and playful. And usually, they contain in their compactness all the important elements of these writers' novels. Thus, it is in relation to the novel that the French short story, particularly today, can best be understood, even if it cannot be defined.

Since the French novel found its delineation as a "respectable" genre in the nineteenth century with such masters as Stendhal, Balzac, Flaubert, and Zola, its very form and purpose have been repeatedly challenged in the twentieth century. Marcel Proust's *A la recherche du temps perdu* defies *"le genre romanesque."* André Gide in his fiction, and especially in *Les Faux-Monnayeurs,* exposes the fraudulence of the novel. In the 20's and 30's many other writers also assaulted the novel, fortress of realism. But is is particularly since 1950, in France, that novelists have been intent on redefining the novel, thereby questioning its validity, its form, its rules, its means, and its tradition. These writers have been called *"nouveaux romanciers,"* but it should be emphasized that, numerous as they are, they do not form a school, and do not necessarily agree as to what the "new novel" should be. In fact, there are as many types of new novels as there are new novelists. What all of them share is a profound antagonism towards the traditional novel which they accuse of being anachronistic in its use of plot, well-defined characters and settings, and above all in its so-called realism.

Robbe-Grillet is undoubtedly the most outspoken of the new novelists, and the one who has come closest to formulating a precise theory of the new novel in his collection of essays entitled *Pour un nouveau roman*. What he proposes is a kind of fiction which will no longer refer to definite and absolute significations (psychological, social, or functional), or as he says himself: *"Dans les constructions romanesques futures, gestes et objets seront* là *avant d'être quelque chose; et ils seront encore là après, durs, inaltérables, présents pour toujours et comme se moquant de leur propre sens..."* Moreover, rather than being the fulfillment of a theory and the perfecting of a set of rules, the new novel will be a constant research which will not submit to any "codified laws." On this basis, fiction will discard plot, story (*i.e.,* any form of anecdote), characters, and all the paraphernalia of realism which gave it, and the world it pretends to describe, a semblance of depth. Henceforth, as Robbe-Grillet says, *"les objets peu à peu perdront leur inconstance et leurs secrets, renonceront à leur faux mystère, à cette intériorité suspecte qu'un essayiste a nommée le cœur romantique des choses."* What the new novelists reject, in particular, is the concept of the well-made *"personnage,"* the hero on whose shoulders all the elements of the story rest. For, as Nathalie Sarraute (another new novelist) says in her essay, *l'Ere du soupçon, "le romancier ne croit plus guère à ses personnages, même le lecteur, de son côté, n'arrive plus à y croire."* Thus, what were considered traditionally as essential aspects of the novel, as E. M. Forster once defined them, "story, people, and plot," must be eliminated from the new fiction. As for the characters, they must be dehumanized and reduced to anonymity, and what will replace them is a fictional voice, a tone whose only purpose will be to perpetuate the fiction itself rather than perpetuate what Robbe-Grillet calls *"les vieux mythes de la profondeur."*

A great deal has been written for and against the new novel in an effort to define it, and to bring into light its complexities. Yet very little attention has been given to the "new" short story, as though it had not evolved from its original form. The short story, indeed, seems to be taken for granted, and is still looked upon as though it had made no efforts to keep up with the novel. But in fact, there is a *"nouvelle nouvelle"* which, very much like the *"nouveau roman,"* uses means that are as innovative and as revolutionary. Thus, as the new novel has been called *"anti-roman,"* one can also speak of an *"anti-nouvelle."* Since the changes undergone by the short story parallel those of the novel, it is essentially by speaking of fiction as a whole rather than by examining specific types of fictional works that one can perhaps give an idea of what the *"nouvelle nouvelle"* is.

Traditionally, most works of fiction achieve coherence through a logical accumulation of facts about specific situations and more or less credible characters. In the process of recording, or gradually revealing mental and physical experiences organized into an aesthetic and ethical form, these works (novels or short stories) progress toward a definite goal: the disclosure of knowledge. The new fiction seems to advance in exactly the opposite direction and gives the impression of consciously reducing, confusing, or retracting all given norms, both in its temporal and spatial frame. The new fiction progresses by leaps and bounds, from impasse to impasse, toward apparent chaos and meaninglessness. Whereas a traditional hero performs a series of related actions which ultimately produces a psychological change in his attitude and personality, a change that results in a tragic and comic denouement, the new "anti-hero" begins and ends his fictional journey at the same place, in the same condition, and without having learned, discovered, or acquired the least knowledge about himself and the world in which he exists. His journey is without beginning or end, without purpose or meaning. This is indeed the predicament of the people in the stories that follow. Though these fictitious beings succeed in creating an illusion of progress, both for themselves and for the reader, they merely occupy time and space —the time it takes for the story to be read, and the space it requires for the story to be told. Ultimately their actions, motions, and reflections are mere verbal contortions. But this seemingly gratuitous verbalism is the most important aspect of the new fiction. As one of the young new novelists, Jean Thibaudeau, explains in a note to his novel *Ouverture*, *"un homme parle, il est vivant, il récite le présent perpétuel... De page en page, il constitue un mouvement contradictoire de régression."* In the fiction of Beckett, Pinget, Robbe-Grillet, Vian, Le Clézio, and many writers not represented here, (Nathalie Sarraute, Claude Simon, Michel Butor, Jean Ricardou, to mention only the most prominent), the characters very often do not exist in themselves. They are only what they say. They are a discourse; they are made of words; they are the movement (often contradictory) of their discourse.

In the fiction of writers such as André Malraux, Albert Camus, and Jean-Paul Sartre, which preceded the "new fiction" of the 50's and 60's, man was presented as the sum of his actions. As such, he existed outside of himself, in the world. In the new fiction, man is neither outside nor inside himself, he is simply the sum of his words. He is a *Logos,* and not always a logical *Logos.* Fiction, in other words, has become a voice because the individual is himself a voice, conscious or unconscious. Thus, in Becket, Pinget, and Le Clézio, in particular, but also in Robbe-Grillet and Vian, who are basically spontaneous and detached creators, one is confronted directly with the problem of language—that is to say language, the material of fiction, becomes the essential concern of the fictional narrative. Those who questioned traditional fiction in the early part of the twentieth century did so with an aesthetic purpose (Proust, Gide) or a metaphysical or moral reason (Bernanos, Camus, Sartre). The contemporary novelist or short story writer does it strictly for a linguistic reason, and for him the crucial problem lies with the structure of the language.

Therefore, the *"nouveau roman"* and for that matter the *"nouvelle nouvelle"* offer a change of optic with respect to writing itself, to what is called in French *l'écriture*. Inasmuch as *l'écriture* is creative, it determines and completes itself, but does not necessarily become expressive. It is, to use one of Pinget's own expressions, *"le matériau de la fiction."* The writer uses this material meticulously, with an infinite patience in order to extract all its possibilities. Reading a traditional story, one is rarely stopped by the language itself, except perhaps in dialogues where the author consciously draws the reader's attention to a specific and personal type of language. In the *"nouvelle nouvelle"* the reader is almost forced to stop at every word. The word itself is a kind of obstacle that has to be overcome in order to proceed. Thus writing is no longer an effort to communicate a pre-existent meaning, but a means of exploring language itself which is viewed as a particular space, *"le lieu du langage,"* and which has its own spatial and temporal conditions, and dimensions.

This awareness on the part of the fiction writer for his material is not new. This is basically how poets have always functioned. For them the creation of poetry has always been a game of language, which consists in discovering and exploiting all the possibilities of language. What is important for the new fiction is that it too has become aware of itself as a game, and therefore no longer needs to take itself seriously. The creator of traditional fiction wanted his world to pass for reality; the new novelist no longer believes this possible. If his fiction appears realistic it is because fiction itself is a reality, but a reality which, like any game, has its rules. Thus the new fiction and its material can become whatever the creator chooses. It is the domain of complete imaginary freedom, the region of pure fantasy, and indeed, as the following stories illustrate, fantasy plays a major role in the new fiction.

The subject of this new fiction is no longer man who speaks nor the world of which he speaks, but a kind of empty space, a void which man seeks to fill with words. Reality becomes the act of speaking or writing the world; reality, in other words, is language. The objective world, the stable world that Balzac, for instance, described as though he were God, is replaced by an ambivalent and absurd world which is indefinable as a fixed reality. The only reality is man's discourse without which the world could not, cannot exist, but a reality which is constantly being shaped. This approach to the world may disconcert the reader, but if he understands that literature has ceased to be a description, an evocation, or an analysis to become an interrogation, and that instead of treating a subject, the writer asks how to treat it, the reader will then understand that the fiction written is no longer that of a man who describes but that of a man who looks at himself in the process of describing or writing, and that this is the only way he will succeed, the only way he will survive. This somewhat narcissistic activity of the writer results from the fact that now the only possible subject for fiction is fiction itself.

It has been said, quite wrongly it seems to me, that the new fiction is only *"une expérience de laboratoire,"* and that it is tedious and uninteresting to read. Though it is true that reading these works requires a great deal of effort, it is hoped that the reader of the following stories will discover, beyond the obvious intellectual challenge, that he can gain a great deal of pleasure, and that he will eventually go on to the novels themselves. For if one thing is clear in reading these texts, it is that even though the seriousness of the undertaking is evident, its playfulness is also very much apparent in the comic aspects of these stories. It is, therefore, in this spirit of seriousness and playfulness, in the spirit of learning while enjoying, that this book is dedicated to those students who are now going to embark on what will be undoubtedly a new, exciting, and rewarding experience.

Samuel Beckett

né 1906

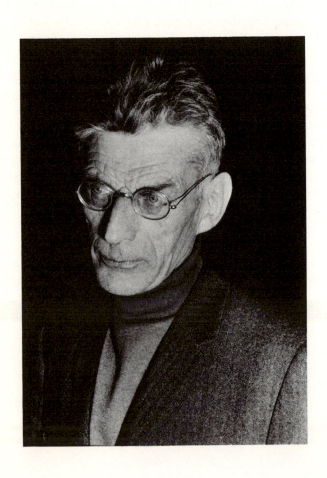

Poète, romancier, dramaturge, auteur d'essais critiques sur James Joyce, Marcel Proust et l'art moderne, écrivain bilingue, né en Irlande mais résidant à Paris depuis 1937, Samuel Beckett depuis la publication de son premier roman en français, *Molloy* (1951), se révèle comme l'un des plus grands écrivains contemporains. Et pourtant, malgré le Prix Nobel pour 1969, il demeure une énigme, et la question se pose encore aujourd'hui : « Mais qui est Samuel Beckett ? » On répond le plus souvent en disant, c'est celui qui a écrit *En attendant Godot,* cette pièce curieuse où rien ne se passe et qui a eu tant de succès.

S'il est vrai que Samuel Beckett est surtout connu pour son théâtre, c'est avant tout en tant que romancier, en tant que maître d'un prose inimitable qu'il doit être reconnu. Né le 13 avril 1906 à Foxrock, près de Dublin, d'une famille protestante, Samuel Barclay Beckett fait des études brillantes au collège de la Trinité. Il montre notamment des dons exceptionnels pour les langues vivantes. En 1928, il est nommé lecteur d'anglais à l'Ecole Normale Supérieure de Paris. Peu de temps après son arrivée à Paris, il rencontre son illustre compatriote James Joyce avec qui il se lie d'amitié. C'est peut-être de cette rencontre qu'est née sa vocation d'écrivain.

Jusque-là, Beckett n'avait songé qu'à devenir professeur d'université. Un essai sur Joyce en 1929, une étude profonde de *A la recherche du temps perdu* de Proust, en 1930, révèlent ses dons critiques et sa grande érudition. Après un stage de deux ans à Paris, où il a vécu dans les milieux de l'avant-garde littéraire, il rentre à Dublin où il est nommé maître de conférences et assistant auprès d'un professeur de langues romanes. Mais vite dégoûté de la vie académique, il quitte l'Irlande à nouveau. Il voyage pendant quelque temps d'un pays à l'autre (en Angleterre, en Allemagne, en Italie) avant de s'installer définitivement à Paris. C'est alors que commence pour lui ce qu'un critique a appelé « le siège dans la chambre ».

A partir de 1932, Beckett se consacre entièrement à la littérature. Jusqu'en 1945, il continue à écrire en anglais : une collection de nouvelles, deux romans, un recueil de poèmes. Pendant la Deuxième Guerre Mondiale, poursuivi par les allemands, il se réfugie dans un petit village du Vaucluse où il écrit son dernier roman en anglais, *Watt,* qui ne sera publié qu'en 1953. De retour à Paris en 1945, il abandonne sa langue maternelle pour adopter le français ; et, entre 1945 et 1950, enfermé dans une petite chambre, il compose quatre romans, quatre longues nouvelles, deux pièces de théâtre, et une série de treize textes en prose. Une des nouvelles (*Premier amour*), une des pièces (*Eleuthéria,* comédie en trois actes), et un des romans (*Mercier et Camier*) restent encore inédits aujourd'hui. Au début de l'année 1951, Beckett commence à faire publier ce qu'il vient d'achever d'écrire. Mais ce n'est qu'avec le succès retentissant de la pièce *En attendant Godot,* jouée en 1953 (Beckett a 47 ans), qu'il est enfin reconnu. Il se met alors à traduire en anglais les œuvres qu'il a composées en français.

Volontairement exilé de son pays natal, retranché de la vie sociale, Beckett s'enferme à l'intérieur de sa langue d'adoption pour créer une des œuvres les plus originales de notre temps. Plus il s'éloigne du réalisme traditionnel pour s'enfoncer dans les zones obscures de l'imaginaire, plus il semble disparaître derrière la voix incessante qui parle dans ses livres. Cette voix qui se lamente de ne pouvoir continuer et qui pourtant ne peut jamais s'arrêter de parler, même si ce qu'elle dit se désintègre dans un murmure proche du silence, cette voix se substitue à celle du créateur. La fiction de Beckett ne semble plus alors se rattacher à aucune expérience du passé, mais se fait au hasard des inventions de l'imagination et du langage. Les histoires s'entremêlent les unes dans les autres pour devenir un long discours qui n'a ni commencement ni fin, qui ne vient de nulle part et qui ne finira jamais. Mais ce discours devient aussi un moyen de se calmer de la parole ; car raconter une histoire, n'importe quelle histoire, est le seul moyen de se calmer de la douleur existentielle et de l'absurdité de la vie, mais c'est aussi le seul moyen de résister à la mort et ainsi d'affirmer l'existence humaine. De là le sens du titre de la nouvelle que nous présentons ici, « Le Calmant ». De là aussi l'explication de l'étrange déclaration du narrateur qui nous dit, au début de l'histoire qu'il va nous raconter, « Je ne sais plus quand je suis mort.»

« Le Calmant » fait partie des quatre nouvelles écrites vers 1946 mais dont trois seulement (les deux autres sont « L'Expulsé » et « La Fin ») furent publiées en 1955, avec les treize textes de 1950, dans un volume intitulé *Nouvelles et Textes pour rien*. Ces trois nouvelles ont en commun le même narrateur : un être physiquement repoussant, aliéné de la réalité sociale, expulsé du confort matériel, et qui erre à travers une ville qu'il ne reconnaît plus et qui pourtant semble être sa ville natale. Une fois embarqué dans son voyage, c'est-à-dire dans son récit, tout lui devient possible et impossible, car il est en même temps le sujet et l'objet de la fiction qu'il invente. Ainsi dans son double rôle de « raconteur et raconté », il peut se livrer à toutes sortes de spéculations et de contradictions, car il est en fait devenu le créateur et le protagoniste (narrateur-héros) de sa propre fiction. Libre de détruire ce qu'il invente au fur et à mesure qu'il progresse, ceci ne l'empêche pas cependant d'être surpris des rencontres et des trouvailles qu'il fait au cours de son voyage. Mais ce n'est là qu'un procédé subtil dont se sert Beckett pour réfléchir, à travers ses créations, sur l'essence de la fiction. Et puisque le lieu de la fiction n'est qu'un lieu linguistique qui peut être manipulé par celui qui le contrôle de l'extérieur aussi bien que celui qui s'y trouve enfermé, le langage devient alors la source de sa propre création et de sa propre destruction. Cette situation paradoxale donne naissance au thème central de cette nouvelle, et qui est aussi un des thèmes de tout l'œuvre de Beckett, le thème de l'exil. Celui qui parle ou qui écrit est exilé dans les paroles qu'il prononce, dans les mots qu'il écrit. Ainsi, la question que semble nous poser l'œuvre de Beckett est celle-ci : est-ce que l'homme parle parce qu'il est humain, ou est-il humain parce qu'il parle ?

romans et nouvelles de Beckett

En anglais:

More Pricks Than Kicks, nouvelles (London, Chatto and Windus, 1934)

Murphy, roman (London, Routledge, 1938; New York, Grove Press, 1957, traduction française de l'auteur, Paris, Bordas, 1947)

Watt, roman (Paris, Olympia Press, 1953; New York, Grove Press, 1959; traduction française de Agnès et Ludovic Janvier et de l'auteur, Paris, Editions de Minuit, 1968)

No's Knife, textes en prose 1945–1966 (London, Calder and Boyars, 1967)

En français:

Molloy, roman (Paris, Editions de Minuit, 1951; traduction anglaise de l'auteur, New York, Grove Press, 1955)

Malone meurt, roman (Paris, Editions de Minuit, 1951; traduction anglaise de l'auteur, New York, Grove Press, 1956)

L'Innommable, roman (Paris, Editions de Minuit, 1953; traduction anglaise de l'auteur, New York, Grove Press, 1958)

Nouvelles et Textes pour rien (Paris, Editions de Minuit, 1955; traduction anglaise de l'auteur, New York, Grove Press, 1967)

Comment c'est, roman (Paris, Editions de Minuit, 1961; traduction anglaise de l'auteur, New York, Grove Press, 1964)

Têtes-mortes textes (Paris, Editions de Minuit, 1967)

ouvrages à consulter

Coe, Richard N., *Beckett* (New York, Grove Press, 1964)

Cohn, Ruby, *Samuel Beckett: The Comic Gamut* (New Brunswick, N.J., Rutgers University Press, 1962)

Federman, Raymond, *Journey to Chaos: Samuel Beckett's Early Fiction* (Berkeley, Calif., University of California Press, 1965)

Fletcher, John, *The Novels of Samuel Beckett* (London, Chatto and Windus, 1964)

Janvier, Ludovic, *Pour Samuel Beckett* (Paris, Editions de Minuit, 1966)

Kenner, Hugh, *Samuel Beckett: A Critical Study* (New York, Grove Press, 1961)

Marissel, André, *Samuel Beckett* (Paris, Editions Universitaires, 1963)

Le Calmant

Je ne sais plus quand je suis mort. Il m'a toujours semblé être mort vieux, vers quatre-vingt-dix ans, et quels ans,[1] et que mon corps en faisait foi,[2] de la tête jusqu'aux pieds. Mais ce soir, seul dans mon lit glacé, je sens que je vais être plus vieux que le jour, la nuit, où le ciel avec toutes ses lumières tomba sur moi, le même que j'avais tant regardé, depuis que j'errais sur la terre lointaine. Car j'ai trop peur ce soir pour m'écouter pourrir, pour attendre les grandes chutes rouges du cœur,[3] les torsions du cæcum [4] sans issue et que s'accomplissent dans ma tête les longs assassinats, l'assaut aux piliers inébranlables, l'amour avec les cadavres. Je vais donc me raconter une histoire, je vais donc essayer de me raconter encore une histoire, pour essayer de me calmer, et c'est là-dedans que je sens que je serai vieux, vieux, plus vieux encore que le jour où je tombai, appelant au secours, et que le secours vint. Ou se peut-il que dans cette histoire je sois remonté sur terre, après ma mort. Non, cela ne me ressemble pas, de remonter sur terre, après ma mort.[5]

[1] **et quels ans**   and what years. *Samuel Beckett is one of those rare authors who translates his own works from French into English or vice versa; wherever possible, Beckett's own rendition of the French will be furnished in the notes.*

[2] **mon corps en faisait foi**   my body bore it out

[3] **les grandes chutes rouges du cœur**   the great red lapses of the heart

[4] **les torsions du cæcum**   the tearings at the caecal walls

[5] *Note the curious point of view from which this story is told. The narrator-hero walks on earth as though he had returned from the dead.*

Pourquoi avoir bougé, n'étant chez personne ? Me jetait-on dehors ? Non, il n'y avait personne. Je vois une sorte d'ante, au sol jonché de boîtes de conserves. Cependant ce n'est pas la campagne. C'est peut-être de simples ruines, c'est peut-être les ruines d'une folie,[6] aux abords de la ville, dans un champ, car les champs venaient jusque sous nos murs, leurs murs, et la nuit les vaches se couchaient à l'abri des fortifications. J'ai tellement changé de refuge, au cours de ma déroute, que me voilà confondant antres et décombres. Mais ce fut toujours la même ville. Il est vrai qu'on va souvent dans un rêve,[7] l'air devient noir de maisons et d'usines, on voit passer des tramways et sous vos pieds que l'herbe mouille il y a soudain des pavés. Je ne connais que la ville de mon enfance, j'ai dû voir l'autre, mais sans pouvoir y croire. Tout ce que je dis s'annule, je n'aurai rien dit. Avais-je seulement faim ? Le temps me tentait-il ? Il faisait nuageux et frais, je le veux,[8] mais pas au point de m'attirer dehors.[9] Je ne pus me lever à la première tentative, ni mettons [10] à la seconde, et une fois debout enfin, et appuyé au mur, je me demandai si j'allais pouvoir le rester, je veux dire debout, appuyé au mur. Sortir et marcher, impossible. J'en parle comme si c'était d'hier. Hier en effet est récent, mais pas assez. Car ce que je raconte ce soir se passe ce soir, à cette heure qui passe.[11] Je ne suis plus chez ces assassins, dans ce lit de terreur, mais dans mon lointain refuge, les mains nouées ensemble, la tête penchée,[12] faible, haletant, calme, libre, et plus vieux que je ne l'aurai jamais été, si mes calculs sont justes. Je mènerai néan-

---

[6] **folie** folly, a pleasure country house. *The word is used with its double meaning.*

[7] **Il est vrai... dans un rêve** It is true you often move along in a dream

[8] **je le veux** I insist. *Being immersed in a fictional world, the narrator-hero participates in the creation of the fiction in which he exists, and therefore can insist on his right to shape himself and his environment.*

[9] **m'attirer dehors** of luring me out (*out of the fiction*)

[10] **ni mettons** nor let us say

[11] *Since the story takes shape as the narrator tells it, it is therefore happening "à cette heure qui passe."*

[12] **la tête penchée** my head bowed

moins mon histoire au passé,[13] comme s'il s'agissait d'un mythe ou d'une fable ancienne, car il me faut ce soir un autre âge, que devienne un autre âge celui où je devins ce que je fus. Ah je vous en foutrai [14] des temps, salauds [15] de votre temps.

Mais petit à petit je sortis et me mis à marcher, à petits pas, au milieu des arbres, tiens,[16] des arbres. Une végétation folle envahissait les sentiers d'autrefois. Je m'appuyais aux troncs, pour reprendre haleine,[17] ou, saisissant une branche, me tirais en avant. De mon dernier passage il ne restait plus trace. C'étaient les chênes périssants de d'Aubigné.[18] Ce n'était qu'un bosquet. La lisière était proche, un jour moins vert et comme déguenillé le disait, tout bas.[19] Oui, où qu'on se tînt, dans ce petit bois, et fût-ce au plus profond de ses pauvres secrets, de toutes parts on voyait luire ce jour plus pâle, gage de je ne sais quelle sotte éternité. Mourir sans trop de douleur, un peu, cela en vaut la peine,[20] fermer soi-même devant le ciel aveugle ses yeux à caver, puis vite passer charogne, pour pas que les corbeaux se méprennent.[21] C'est là l'avantage de la mort par noyade,[22] un des avantages, les crabes eux n'arrivent jamais trop tôt. Tout cela est affaire d'organisation. Mais chose étrange, issu enfin du bois,[23] ayant franchi distraitement le fossé qui le ceinturait, je me pris à songer à la cruauté, la

[13] **Je ménerai... au passé**   I'll tell my story in the past nonetheless

[14] **je vous en foutrai** (*colloquial*)   I'll stick you with

[15] **salauds** (*colloquial*)   dirty, filthy (*fellows, for instance*)

[16] **tiens**   well, well; you don't say. *An ironic exclamation by the narrator who seems surprised to encounter trees in the story he is himself inventing.*

[17] **pour reprendre haleine**   to catch my breath

[18] **les chênes périssants de d'Aubigné**   the perishing oaks of d'Aubigné. *Agrippa d'Aubigné* (*1552–1630*), *French poet, ardent Calvinist, author of* **Les Tragiques,** *immortalized these trees in his poetry.*

[19] **un jour moins vert... tout bas**   a light less green and kind of tattered told me so, in a whisper

[20] **cela en vaut la peine**   that's worth your while

[21] **pour pas que les corbeaux se méprennent**   not to mislead the crows

[22] **C'est là l'avantage... noyade**   That's the advantage of death by drowning

[23] **issu enfin du bois**   no sooner out of the wood at last

riante. Devant moi s'étendait un herbage épais, de la minette [24] peut-être, quel intérêt,[25] ruisselant de rosée vespérale [26] ou de pluie récente. Au-delà de ce pré, je le savais, un chemin, puis un champ, puis enfin les remparts, fermant la perspective. Ceux-ci, cyclopéens [27] et dentelés, se découpant faiblement sur un ciel à peine plus clair qu'eux, n'avaient pas l'air en ruines, vus des miennes, mais l'étaient, je le savais. Telle la scène [28] qui s'offrait à moi, inutilement, car je la connaissais et l'avais en horreur. Ce que je voyais c'était un homme chauve en costume marron, un diseur.[29] Il racontait une histoire drôle, à propos d'un fiasco. Je n'y comprenais rien. Il prononça le mot escargot, limace peut-être, à la joie générale.[30] Les femmes semblaient s'amuser encore plus que leurs cavaliers, si c'était possible. Leurs rires aigus crevaient les applaudissements et, calmés ceux-ci, fusaient toujours, par-ci par-là, et jusqu'à troubler l'exorde [31] de l'histoire suivante. Elles songeaient peut-être au pénis en titre,[32] assis qui sait à côté d'elles, et de cette suave côte [33] lançaient leurs cris de joie, vers la tempête comique, quel talent. Mais c'est à moi ce soir que doit arriver quelque chose, à mon corps, comme dans les mythes et métamorphoses, à ce vieux corps auquel rien n'est jamais arrivé, ou si peu, qui n'a jamais rien rencontré, rien aimé, rien voulu, dans son univers étamé,[34] mal étamé, rien voulu sinon que les glaces s'écroulent, les planes, les courbes, les grossissantes, les rapetissantes,[35] et qu'il disparaisse,

---

[24] **minette**   hop-trefoil (*a type of clover grass*). *Beckett translates the word as "lush pasture."*

[25] **quel intérêt**   who cares (*what kind of grass it was*)

[26] **rosée vespérale**   evening dew

[27] **cyclopéens**   monstrous (*applied to an ancient style of masonry in which stones are huge and irregular in shape*)

[28] **Telle la scène**   Such was the scene

[29] **un diseur**   a storyteller. *Beckett translates as "a comedian."*

[30] **à la joie générale**   to the delight of all present

[31] **l'exorde**   the exortium (*the introductory part of a discourse*)

[32] **pénis en titre**   the reigning penis

[33] **cette suave côte**   that sweet shore

[34] **univers étamé**   tarnished universe

[35] **les glaces... les rapetissantes**   the mirrors to shatter, the plane, the curved, the magnifying, the minifying

dans le fracas de ses images. Oui, il faut ce soir que ce soit comme
dans le conte que mon père me lisait, soir après soir, quand j'étais
petit, et lui en bonne santé, pour me calmer, soir après soir, pendant des années il me semble ce soir, et dont je n'ai pas retenu
grand'chose,[36] sauf qu'il s'agissait des aventures d'un nommé [37]
Joe Breem, ou Breen, fils d'un gardien de phare, jeune gaillard
de quinze ans fort et musclé, c'est la phrase exacte, qui nagea
pendant des milles, la nuit, un couteau entre les dents, à la poursuite
d'un requin, je ne sais plus pourquoi, par simple héroïsme. Ce
conte, il aurait pu simplement me le conter, il le savait par cœur,
moi aussi, mais cela ne m'aurait pas calmé, il devait me le lire,
soir après soir, ou faire semblant de me le lire, en tournant les
pages et en m'expliquant les images, qui étaient moi déjà,[38] soir
après soir les mêmes images, jusqu'à ce que je m'assoupisse contre
son épaule. Il aurait sauté un seul mot [39] du texte que je l'aurais
frappé, de mon petit poing, dans son gros ventre débordant du
gilet de tricot [40] et du pantalon déboutonné qui le reposaient de
sa tenue de bureau.[41] A moi maintenant le départ, la lutte et le
retour peut-être, à ce vieillard qui est moi ce soir, plus vieux
que ne le fut jamais mon père, plus vieux que je ne le serai
jamais. Me voilà acculé à des futurs.[42] Je traversai le pré, à petits
pas raides et en même temps mous, les seuls que je pouvais. Il ne
subsistait de mon dernier passage aucune trace, il y avait loin de
mon dernier passage. Et les petites tiges froissées se relèvent vite,
ayant besoin d'air et de lumière, et quant aux cassées elles sont
vite remplacées. Je pénétrai dans la ville par la porte dite des

[36] **retenu grand'chose**   remember much

[37] **d'un nommé**   one called

[38] **qui étaient moi déjà**   that were me already. *The narrator admits
being fiction.*

[39] **Il aurait sauté un seul mot**   If he had skipped a single word

[40] **gilet de tricot**   knitted sweater. *Beckett translates as "cardigan."*

[41] **sa tenue de bureau**   his office dress. *Beckett translates as "his office
canonicals."*

[42] **Me voilà acculé à des futurs.**   Here I am cornered in the midst of
future (*tenses*).

Bergers,[43] sans avoir vu personne, seulement les premières chauves-souris qui sont comme des crucifiées volantes,[44] ni rien entendu à part mes pas, mon cœur dans ma poitrine et puis enfin, comme je passais sous la voûte, l'hululement d'un hibou,[45] ce cri à la fois si doux et si féroce et qui la nuit, appelant, répondant, dans mon petit bois et dans les autres voisins, parvenait dans ma hutte comme un tocsin.[46] La ville, à mesure que je m'y engageais, me frappait par son aspect désert. Elle était éclairée comme d'habitude, plus que d'habitude, quoique les magasins fussent fermés. Mais leurs vitrines restaient illuminées, dans le but sans doute d'attirer le client et de lui faire dire, Tiens, c'est beau ça, et pas cher, je repasserai demain, si je vis encore. Je faillis me dire,[47] Tiens, c'est dimanche. Les tramways roulaient, les autobus aussi, mais peu nombreux, au ralenti,[48] vides, sans bruit et comme sous l'eau. Je ne vis pas un seul cheval ! Je portais mon grand manteau vert avec col en velours, genre manteau d'automobiliste 1900,[49] celui de mon père, mais il n'avait plus de manches ce jour-là, ce n'était plus qu'une vaste cape. Mais c'était toujours sur moi le même grand poids mort, sans chaleur, et les basques balayaient la terre, la râclaient plutôt, tant elles avaient raidi, tant j'avais rapetissé. Qu'allait-il, que pouvait-il m'arriver,[50] dans cette ville vide ? Mais je sentais les maisons pleines à craquer de gens,[51] tapis derrière les rideaux ils regardaient dans les rues ou, assis au fond de la pièce, la tête dans les mains, s'abandonnaient au songe. Là-haut, au faîte,[52] mon chapeau, toujours le même, je n'allais pas plus loin.

---

[43] **la porte dite des Bergers**   The so-called Shepherd's Gate
[44] **des crucifiées volantes**   flying crucifixions
[45] **l'hululement d'un hibou**   the hoot of an owl
[46] **un tocsin**   bell to sound the alarm
[47] **Je faillis me dire**   I nearly said to myself
[48] **au ralenti**   slowly (*in slow motion*)
[49] **genre... 1900**   such as motorists wore around 1900
[50] **Qu'allait-il, que pouvait-il m'arriver**   What would, what could happen to me
[51] **pleines à craquer de gens**   packed with people
[52] **au faîte**   up aloft

Je traversai la ville de part en part[53] et arrivai devant la mer,
ayant suivi le fleuve jusqu'à son embouchure. Je disais, Je vais
rentrer, sans trop y croire. Les bateaux dans le port, à l'ancre,
maintenus par des filins contre la jetée, ne me paraissaient pas
moins nombreux qu'en temps normal, comme si je savais quelque
chose du temps normal. Mais les quais étaient déserts et rien
n'annonçait un mouvement de navires proche, ni un départ ni une
arrivée. Mais tout pouvait changer d'un instant à l'autre, se trans-
former sous mes yeux en un tournemain.[54] Et ce serait tout l'affairement des gens et des choses de la mer, des grands navires l'imperceptible balancement de la mâture et celui plus dansant des petits,
j'y tiens,[55] et j'entendrais le terrible cri des mouettes et peut-être
aussi celui des matelots, ce cri comme blanc[56] et dont on ne sait
au juste[57] s'il est triste ou joyeux et qui contient de l'effroi et de
la colère, car ils n'appartiennent pas qu'à la mer, les matelots,
mais à la terre aussi. Et je pourrais peut-être me glisser à bord
d'un cargo en partance,[58] inaperçu, et partir loin, et passer au loin
quelques bons mois, peut-être même une année ou deux, au soleil,
en paix, avant de mourir. Et sans aller jusque-là ce serait bien le
diable,[59] dans cette foule grouillante et désabusée, si je ne parvenais
pas à faire une petite rencontre qui me calmât un peu ou à
échanger quelques mots avec un navigateur par exemple, mots que
j'emporterais avec moi, dans ma hutte, pour les ajouter à ma collection. J'attendais donc, assis sur une sorte de cabestan sans
chapeau,[60] en me disant, Il n'est pas jusqu'aux cabestans ce soir
qu'on n'ait mis hors d'état de servir.[61] Et je scrutais le large,
au-delà des brise-lames, sans y voir la moindre embarcation.[62]

[53] **de part en part**   right through
[54] **en un tournemain**   like magic, in an instant
[55] **j'y tiens**   I insist
[56] **ce cri comme blanc**   this blank cry
[57] **au juste**   exactly
[58] **en partance**   outward bound
[59] **ce serait bien le diable**   it would indeed be a sad state of affairs
[60] **cabestan sans chapeau**   topless capstan
[61] **hors d'état de servir**   out of order
[62] **la moindre embarcation**   the least vessel

Il faisait déjà nuit, ou presque, je voyais des lumières, au ras de
l'eau.[63] Les jolis fanaux à l'entrée du port, je les voyais aussi,
et d'autres au loin, clignant sur les côtes, les îles, les promontoires.
Mais ne voyant aucune animation se produire je m'apprêtais à
m'en aller, à me détourner, tristement, de ce havre mort, car il est
des scènes qui contraignent à d'étranges adieux. Je n'avais qu'à
baisser la tête et à regarder à terre sous mes pieds, devant mes
pieds, car c'est dans cette attitude que j'ai toujours puisé la force
de, comment dire, je ne sais pas, et c'est de la terre plutôt que du
ciel, pourtant mieux coté,[64] que m'est venu le secours, dans les
instants difficiles. Et là, sur la dalle, que je ne fixais pas, car
pourquoi la fixer, je vis le havre au loin, au plus périlleux de cette
houle noire, et tout autour de moi la tempête et la perdition. Je ne
reviendrai jamais ici, dis-je. Mais m'étant relevé, en prenant appui
des deux mains sur le bord du cabestan, je me trouvai devant un
jeune garçon qui tenait une chèvre par les cornes. Je me rassis.
Il se taisait, en me regardant sans crainte apparemment ni dégoût.[65]
Il est vrai qu'il faisait sombre. Qu'il se tût me semblait naturel,[66]
à moi l'aîné de parler le premier.[67] Il était nu-pieds et en guenilles.[68] Familier des lieux, il s'était écarté de son chemin pour
voir quelle était cette masse sombre abandonnée au bord du bassin.
C'est ainsi que je raisonnais. Tout près de moi maintenant, et avec
son coup d'œil de petit voyou,[69] il était impossible qu'il n'eût pas
compris. Cependant il restait. Est-ce vraiment de moi, cette
bassesse ? Touché,[70] car après tout je devais être sorti pour cela,
dans un sens, et tout en n'escomptant qu'un mince [71] profit de ce

---

[63] **au ras de l'eau**   flush with the water
[64] **pourtant mieux coté**   yet better reputed
[65] **sans crainte apparemment ni dégoût**   without visible fear or revulsion
[66] **Qu'il se tût me semblait naturel**   That he should be silent seemed
natural to me
[67] **à moi l'aîné de parler le premier**   it befitted me as the elder to speak
first
[68] **Il était nu-pieds et en guenilles.**   He was barefoot and in rags.
[69] **son coup d'œil de petit voyou**   his little guttersnipe's glance
[70] **touché**   moved (*emotionally*)
[71] **mince**   slight

qui pouvait s'ensuivre, je pris le parti de lui adresser la parole.[72]
Je préparai donc ma phrase et ouvris la bouche, croyant que j'allais
l'entendre, mais je n'entendis qu'une sorte de râle, inintelligible
même pour moi qui connaissais mes intentions. Mais ce n'était rien,
rien que l'aphonie [73] due au long silence, comme dans le bosquet
où s'ouvrent les enfers, vous rappelez-vous, moi tout juste.[74] Lui,
sans lâcher la chèvre, vint se mettre tout contre moi et m'offrit un
bonbon, dans un cornet de papier,[75] comme on en trouvait pour
un penny. Il y avait au moins quatre-vingts ans qu'on ne m'avait
offert un bonbon, mais je le pris avidement et le mis dans ma
bouche, je retrouvai le vieux geste, de plus en plus ému, puisque
j'y tenais.[76] Les bonbons étaient collés ensemble et j'eus du mal,[77]
de mes mains tremblantes, à séparer des autres le premier venu,
un vert, mais il m'y aida et sa main frôla la mienne. Merci, dis-je.
Et comme quelques instants plus tard il s'éloignait, en traînant sa
chèvre,[78] je lui fis signe, d'un grand mouvement de tout le corps,
de rester, et je dis, dans un murmure impétueux, Où vas-tu ainsi,
mon petit bonhomme, avec ta biquette ? [79] Cette phrase à peine
prononcée, de honte je me couvris le visage. C'était pourtant la
même que j'avais voulu sortir tout à l'heure. Où vas-tu, mon petit
bonhomme, avec ta biquette ! Si j'avais su rougir je l'aurais fait,
mais mon sang n'allait plus jusqu'aux extrémités. Si j'avais eu
un penny dans ma poche je le lui aurais donné, pour me faire
pardonner,[80] mais je n'avais pas un penny dans ma poche, ni
rien d'approchant,[81] rien qui pût faire plaisir à un petit malheu-

---

[72] **je pris le parti... la parole**   I resolved to speak to him
[73] **l'aphonie**   loss of voice
[74] **moi tout juste**   I just only (*elliptical for* I just barely remember)
[75] **un cornet de papier**   a twist of paper
[76] **puisque j'y tenais**   since that is what I wanted
[77] **j'eus du mal**   I had difficulty
[78] **en traînant sa chèvre**   hauling his goat after him
[79] **Où vas-tu ainsi... ta biquette ?**   Where are you off to, my little man, with your nanny goat?
[80] **pour me faire pardonner**   for him to forgive me
[81] **ni rien d'approchant**   nor anything resembling it (*a penny*). *Note that even though the story was originally written in French, Beckett uses British currency, which, however, does not localize the story in any way.*

reux, à l'orée de la vie.[82] Je crois que ce jour-là, étant sorti pour
ainsi dire sans préméditation, je n'avais sur moi que ma pierre.
De sa petite personne il était écrit que je ne verrais que les cheveux crépus et noirs et le joli galbe des longues jambes nues, sales
et musclées. La main aussi, fraîche et vive, je n'étais pas près de
l'oublier. Je cherchai une autre phrase à lui dire. Je la trouvai trop
tard, il était déjà loin, oh pas loin, mais loin. Hors de ma vie aussi,
tranquillement il s'en allait, jamais plus une seule de ses pensées
ne serait pour moi, sinon peut-être quand il serait vieux et que,
fouillant dans sa prime jeunesse,[83] il retrouverait cette joyeuse nuit
et tiendrait encore la chèvre par les cornes et s'arrêterait encore
un instant devant moi, avec qui sait cette fois une pointe de tendresse,[84] même de jalousie, mais je n'y compte pas. Pauvres chères
bêtes, vous m'aurez aidé. Que fait ton papa, dans la vie ? Voilà
ce que je lui aurais dit, s'il m'en avait laissé le temps. Je suivis du
regard les pattes de derrière de la chèvre, décharnées, cagneuses,
écartées, secouées de brusques révoltes. Bientôt ils ne furent plus
qu'une petite masse sans détails et que non prévenu j'aurais pu
prendre pour un jeune centaure.[85] J'allais faire crotter la chèvre,[86]
puis ramasser une poignée des petites boules si vite froides et dures,
les renifler et même y goûter, mais non, cela ne m'aiderait pas ce
soir. Je dis ce soir, comme si c'était toujours le même soir, mais y
a-t-il deux soirs ? Je m'en allai, avec l'intention de rentrer au plus
vite, car je ne rentrais pas tout à fait bredouille,[87] en répétant, Je
ne reviendrai plus ici. Mes jambes me faisaient mal, volontiers
chaque pas eût été le dernier.[88] Mais les coups d'œil rapides et
comme sournois que je coulais [89] vers les vitrines me montraient

[82] à l'orée de la vie   on the threshold of life
[83] fouillant dans sa prime jeunesse   delving in his boyhood
[84] une pointe de tendresse   a touch of tenderness
[85] et que non prévenu... un jeune centaure   and that if I hadn't known
better I might have taken for a young centaur
[86] J'allais faire crotter la chèvre   I was nearly going to have the goat
dung. *This again shows to what extent the narrator is free to invent whatever he wishes as he proceeds with his story.*
[87] pas tout à fait bredouille   not quite empty-handed
[88] volontiers... le dernier   gladly every step would have been the last
[89] je coulais   I darted

un vaste cylindre lancé à toute allure et qui semblait glisser sur l'asphalte. Je devais en effet avancer vite, car je rattrapai plus d'un piéton, voilà les premiers hommes, sans me forcer, moi que d'habitude les parkinsoniens distançaient,[90] et alors il me semblait que derrière moi les pas s'arrêtaient. Et cependant chacun de mes petits pas eût été volontiers le dernier. A tel point que, débouchant sur une place que je n'avais pas remarquée en venant, et au fond de laquelle se dressait une cathédrale, je décidai d'y entrer, si elle était ouverte, et de m'y cacher, comme au Moyen Age, pendant un moment. Je dis cathédrale, mais je n'en sais rien. Mais cela me ferait de la peine, dans cette histoire qui se veut la dernière, d'être allé me réfugier dans une simple église. Je remarquai le Stützenwechsel [91] de la Saxe, d'un effet charmant, mais qui ne me charma pas. Eclairée à giorno [92] la nef semblait déserte. J'en fis plusieurs fois le tour, sans voir âme qui vive.[93] On se cachait peut-être, sous les stalles du chœur ou en tournant autour des colonnes, comme les piverts. Soudain tout près de moi, et sans que j'eusse entendu les longs grincements préliminaires, les orgues se mirent à mugir. Je me levai vivement du tapis sur lequel je m'étais allongé, devant l'autel, et courus à l'extrémité de la nef, comme si je voulais sortir, mais ce n'était pas la nef, c'était un bas-côté,[94] et la porte qui m'avala n'était pas la bonne. Car au lieu d'être rendu à la nuit je me trouvai au pied d'un escalier à vis [95] que je me mis à gravir à toutes jambes, oublieux de mon cœur, comme celui que serre de près un maniaque homicide.[96]

---

[90] **moi que... distançaient**   I who was usually outdistanced by the cripples. *Beckett translates the word* **parkinsoniens** (*those suffering with Parkinson's disease*) *by the word cripples.*

[91] *The German word* **Stützenwechsel** *may be translated as a "change of balance" or a "modified structure," which in this instance would refer to the modified architectural structure of some German Gothic cathedrals.*

[92] **Eclairée à giorno**   Brilliantly lit

[93] **sans voir âme qui vive**   without seeing a living soul

[94] **un bas-côté**   a side aisle

[95] **un escalier à vis**   a spiral staircase

[96] **comme celui que... maniaque homicide**   like one hotly pursued by a homocidal maniac

Cet escalier, faiblement éclairé, je ne sais par quoi, par des soupi-
raux peut-être, je le montai en haletant jusqu'à la plate-forme en
saillie [97] à laquelle il aboutissait et qui, flanquée du côté du vide
d'un garde-fou cynique, courait autour d'un mur lisse et rond
surmonté d'un petit dôme recouvert de plomb, ou de cuivre verdi,
ouf,[98] pourvu que ce soit clair.[99] On devait venir là pour jouir
du coup d'œil. Ceux qui tombent de cette hauteur sont morts avant
d'arriver en bas, c'est connu.[100] M'écrasant contre le mur j'entrepris
d'en faire le tour, dans le sens des aiguilles. Mais à peine eus-je
fait quelques pas que je rencontrai un homme qui tournait dans
l'autre sens, avec une circonspection extrême. Comme j'aimerais
le précipiter, ou qu'il me précipite, en bas. Il me fixa un instant
avec des yeux hagards et puis, n'osant passer devant moi du côté
du parapet et prévoyant avec raison que je ne m'écarterais pas
du mur pour lui être agréable, me tourna brusquement le dos, la
tête plutôt, car le dos restait aggluttiné au mur, et repartit dans la
direction d'où il venait, ce qui le réduisit en peu de temps à une
main gauche.[101] Celle-ci hésita un instant, puis disparut, dans un
glissement. Il ne me restait plus que l'image de deux yeux exorbités
et embrasés, sous une casquette à carreaux. Quelle est cette horreur
chosesque où je me suis fourré ? [102] Mon chapeau s'envola, mais
n'alla pas loin, grâce au cordon. Je tournai la tête du côté de
l'escalier et prêtai l'œil.[103] Rien. Puis une petite fille apparut, suivie
d'un homme qui la tenait par la main, tous deux collés au mur.

[97] **plate-forme en saillie**   projecting gallery

[98] **ouf**   phew (*exclamatory expression showing surprise or relief*)

[99] **pourvu que ce soit clair**   I only hope it's clear. *This remark of the
narrator refers ironically, on the one hand, to the rather confused description he has given of the place, and on the other, to his hope that the coast
is now clear.*

[100] **c'est connu**   it's a well known fact

[101] **ce qui le réduisit... main gauche**   so that soon there was nothing left
of him but a left hand

[102] **Quelle est cette horreur... fourré ?**   What is this nightmarish thing-
ness in which I have placed myself? *The statement refers both to the
narrator's precarious position on the ledge of the wall, and his predicament
in the story.*

[103] **prêtai l'œil**   lent an eye (*looked around carefully*)

Il la poussa dans l'escalier, s'y engouffra à son tour, se retourna
et leva vers moi un visage qui me fit reculer. Je ne voyais que sa
tête, nue, au-dessus de la dernière marche. Plus tard, quand ils
furent partis, j'appelai. Je fis rapidement le tour de la plateforme.
Personne. Je vis à l'horizon, là où rejoignent le ciel montagne,
mer et plaine, quelques basses étoiles, à ne pas confondre avec les
feux qu'allument les hommes, la nuit, ou qui s'allument tout seuls.
Assez.[104] A nouveau dans la rue je cherchai mon chemin, dans le
ciel où je connaissais bien les chariots.[105] Si j'avais vu quelqu'un
je l'aurais abordé, l'aspect le plus cruel ne m'aurait pas arrêté.
Je lui aurais dit, en touchant mon chapeau, Pardon Monsieur,
pardon Monsieur, la porte des Bergers, par pitié.[106] Je pensais ne
plus pouvoir avancer, mais à peine l'impulsion parvenue aux
jambes je me portai en avant, mon Dieu avec une certaine rapidité.
Je ne rentrais pas tout à fait bredouille, je remportais chez moi la
quasi-certitude d'être encore de ce monde, de ce monde-là aussi,
dans un sens, mais je la payais le prix. J'aurais mieux fait de passer
la nuit dans la cathédrale, sur le tapis devant l'autel, j'aurais repris
mon chemin [107] au petit jour, ou l'on m'aurait trouvé étendu raide
mort de la vraie mort charnelle,[108] sous les yeux bleus puits [109]
de tant d'espérance, et on aurait parlé de moi dans les journaux
du soir. Mais voilà que je dévalais une large voie vaguement
familière, mais où je n'avais jamais dû mettre les pieds,[110] de mon
vivant. Mais bientôt m'apercevant de la pente je fis demi-tour et
repartis dans l'autre sens, car je craignais en descendant de retourner
à la mer, où j'avais dit que je ne retournerais plus. Je fis demi-
tour,[111] mais en fait ce fut une large boucle décrite sans perte de

---

[104] **Assez**   Enough (*of that*)
[105] **les chariots**   the Bears (*stellar constellations*)
[106] **par pitié**   for pity's sake
[107] **j'aurais repris mon chemin**   I would have continued on my way
[108] **la vraie mort charnelle**   the genuine bodily death (*in contrast with the fictional death from which the narrator is telling his story*)
[109] **sous les yeux bleus puits**   under the blue eyes fount
[110] **je n'avais… les pieds**   I had never set foot
[111] **Je fis demi-tour**   I turned around

vitesse, car je craignais en m'arrêtant de ne plus pouvoir partir, oui, je craignais cela aussi. Et ce soir non plus je n'ose plus m'arrêter. Je fus de plus en plus frappé par le contraste entre l'éclairage des rues et leur aspect désert. Dire que j'en fus angoissé, non, mais je le dis néanmoins, dans l'espoir de me calmer. Dire qu'il n'y avait personne dans la rue, non, je n'irai pas jusque-là, car je remarquai plusieurs silhouettes, aussi bien de femme que d'homme, étranges, mais pas plus qu'à l'ordinaire. Quant à l'heure qu'il pouvait être, je n'en avais pas la moindre idée, sauf qu'il devait être une heure quelconque de la nuit. Mais il pouvait être trois ou quatre heures du matin comme il pouvait être dix ou onze heures du soir, selon probablement qu'on s'étonnait de la pénurie de passants [112] ou de l'éclat extraordinaire que jetaient les réverbères et feux de circulation.[113] Car de l'un ou de l'autre de ces deux phénomènes il fallait s'étonner, sous peine d'avoir perdu la raison. Pas une seule voiture particulière,[114] mais bien de temps en temps un véhicule public, lente trombe de lumière silencieuse et vide. Je m'en voudrais d'insister sur ces antinomies, car nous sommes bien entendu dans une tête,[115] mais je suis tenu d'ajouter les quelques remarques suivantes. Tous les mortels que je voyais étaient seuls et comme noyés en eux-mêmes. On doit voir ça tous les jours, mais mélangé à autre chose j'imagine. Le seul couple était formé par deux hommes luttant corps à corps [116] les jambes emmêlées. Je ne vis qu'un seul cycliste ! Il allait dans le même sens que moi. Tous allaient dans le même sens que moi, les véhicules aussi, je viens seulement de le réaliser. Il roulait lentement au milieu de la chaussée, en lisant un journal que des deux mains il tenait déployé devant ses yeux. De temps en temps il sonnait, sans quitter sa lecture. Je le suivis des yeux jusqu'à ce qu'il ne fût plus qu'un point à l'horizon. A un moment donné une jeune

[112] **la pénurie de passants**   the scarcity of passersby
[113] **feux de circulation**   traffic lights
[114] **voiture particulière**   private car
[115] *Note how the narrator specifies that* "we are needless to say inside a skull," *that of the creator of fiction.*
[116] **deux hommes luttant corps à corps**   two men grappling

femme, de mauvaise vie [117] peut-être, échevelée et les vêtements en
désordre, fila à travers la chaussée,[118] comme un lapin. Voilà tout
ce que je voulais ajouter. Mais chose étrange, encore une, je
n'avais mal nulle part, même pas aux jambes. La faiblesse. Une
bonne nuit de cauchemar et une boîte de sardines me rendraient
la sensibilité. Mon ombre, une de mes ombres, s'élançait devant
moi, se raccourcissait, glissait sous mes pieds, prenait ma suite,
à la manière des ombres. Que je fusse à ce degré opaque me
semblait concluant.[119] Mais voilà devant moi un homme, sur le
même trottoir et allant dans le même sens que moi, puisqu'il
faut toujours ressasser la même chose, histoire de ne pas l'oublier.[120]
La distance entre nous était grande, soixante-dix pas au moins, et
craignant qu'il ne m'échappât je pressai le pas, ce qui me fit voler
en avant, comme sur des patins. Ce n'est pas moi, dis-je, mais
profitons, profitons. Arrivé en un clin d'œil à une dizaine de
pas de lui je ralentis, afin de ne pas ajouter, en surgissant avec
fracas, à l'aversion qu'inspirait ma personne, même dans ses atti-
tudes les plus veules et plates. Et peu après, Pardon Monsieur,
dis-je, en me maintenant humblement à sa hauteur, la porte des
Bergers pour l'amour de Dieu. Vu de près [121] il me semblait plutôt normal, enfin, à part cet air de reflux vers son centre [122] que
j'ai déjà signalé. Je pris une petite avance, quelques pas, me
retournai, me courbai, touchai mon chapeau et dis, L'heure juste,
de grâce ![123] J'aurais pu tout aussi bien ne pas exister. Mais alors
le bonbon ? Du feu ! [124] m'écriai-je. Vu mon besoin d'assistance
je me demande pourquoi je ne lui barrai pas le chemin. Je n'aurais
pas pu, voilà, je n'aurais pas pu le toucher. Voyant un banc au

[117] **de mauvaise vie**   of easy virtue
[118] **fila à travers la chaussée**   darted across the street
[119] **Que je fusse... semblait concluant.**   This degree of opacity appeared to me conclusive.
[120] **toujours ressasser... oublier**   always harping on the same thing, just not to forget
[121] **Vu de près**   At close quarters
[122] **à part... son centre**   aside from that air of ebbing inward
[123] **L'heure juste, de grâce!**   The correct time, for mercy's sake!
[124] **Du feu!**   A light!

bord du trottoir je m'y assis et croisai les jambes, comme
Walther.¹²⁵ Je dus m'assoupir, car voilà soudain un homme assis
à côté de moi. Pendant que je le détaillais ¹²⁶ il ouvrit les yeux
et les posa sur moi, on aurait dit pour la première fois, car il se
recula avec naturel. D'où sortez-vous ? dit-il. M'entendre adresser
de nouveau la parole à si peu d'intervalle me fit un gros effet.
Qu'avez-vous ? dit-il. J'essayai de prendre l'air de celui qui n'a
que ce que, de par sa nature, il a. Pardon Monsieur, dis-je, en
levant légèrement mon chapeau et en me soulevant d'un mouvement aussitôt réprimé, l'heure juste, par pitié ! Il me dit une heure,
je ne sais plus laquelle, une heure qui n'expliquait rien, c'est tout
ce que je sais, et qui ne me calma pas. Mais laquelle eût pu le faire.
Je sais, je sais, une viendra qui le fera, mais d'ici là ? Vous dites ?
dit-il. Malheureusement je n'avais rien dit. Mais je me rattrapai ¹²⁷
en lui demandant s'il pouvait m'aider à retrouver mon chemin que
j'avais perdu. Non, dit-il, car je ne suis pas d'ici, et si je suis
assis sur cette pierre c'est que les hôtels sont complets ou qu'ils
n'ont pas voulu me recevoir, moi je n'ai pas d'opinion. Mais
racontez-moi votre vie, après nous aviserons.¹²⁸ Ma vie ! m'écriai-je.
Mais oui, dit-il, vous savez, cette sorte de — comment dirai-je ?
Il réfléchit longuement, cherchant sans doute ce dont la vie pouvait
bien être une sorte. Enfin il reprit, d'une voix irritée, Voyons,
tout le monde connaît ça. Il me poussa du coude. Pas de détails,
dit-il, les grandes lignes, les grandes lignes.¹²⁹ Mais comme je me
taisais toujours il dit, Voulez-vous que je vous raconte la mienne,
comme ça vous comprendrez. Le récit qu'il fit fut bref et touffu, des
faits, sans explication. Voilà ce que j'appelle une vie, dit-il, y
êtes-vous, à présent ? Ce n'était pas mal, son histoire, féerique
même par endroits. A vous, dit-il. Mais cette Pauline, dis-je, vous

---

¹²⁵ *Possibly an allusion to an iconographic pose of Johann Walther
(1496–1570), German composer, friend of Luther, and one of the first
masters of Protestant choral music.*
¹²⁶ **Pendant que je le détaillais**   While I was looking him over
¹²⁷ **Mais je me rattrapai**   But I wriggled out of it
¹²⁸ **après nous aviserons**   after that we'll see
¹²⁹ **les grandes lignes**   the main drift

êtes toujours avec elle ? Oui, dit-il, mais je vais l'abandonner et
me mettre avec une autre, plus jeune et plus grasse. Vous voyagez
beaucoup, dis-je. Oh énormément, énormément dit-il. Les mots me
revenaient petit à petit, et la façon de les faire sonner. Tout cela est
fini pour vous sans doute, dit-il. Vous pensez demeurer longtemps
parmi nous ? dis-je. Cette phrase me sembla particulièrement bien
tournée.[130] Sans indiscrétion, dit-il, quel âge avez-vous ? Je ne sais
pas, dis-je. Vous ne savez pas ! s'écria-t-il. Pas exactement, dis-je.
Vous pensez souvent aux cuisses, dit-il, culs, cons et environs ?
Je ne comprenais pas. Vous ne bandez plus naturellement, dit-il.
Bander ?[131] dis-je. La pine,[132] dit-il, vous savez ce que c'est, la
pine ? Je ne savais pas. Là, dit-il, entre les jambes. Ah ça, dis-je.
Elle s'épaissit, s'allonge, se raidit et se soulève, dit-il, pas vrai ?
Ce n'était pas les termes que j'aurais employés. Cependant j'assentis.
C'est ce que nous appelons bander, dit-il. Il se recueillit, puis
s'exclama, Phénoménal ! Vous ne trouvez pas ? C'est bizarre, dis-je,
en effet. D'ailleurs tout est là, dit-il. Mais qu'est-ce qu'elle deviendra ? dis-je. Qui ? dit-il. Pauline, dis-je. Elle vieillira, dit-il,
avec une tranquille assurance, d'abord lentement, puis de plus
en plus vite, dans la douleur et la rancune, en tirant le diable par
la queue. Le visage n'était pas gras, mais j'eus beau le regarder,
il restait vêtu de ses chairs, au lieu de devenir tout crayeux et
comme travaillé à la gouge. Le vomer lui-même[133] conservait
son bourrelet. D'ailleurs les discussions ne m'ont jamais rien
valu.[134] Je pleurais la tendre minette,[135] je l'aurais foulé doucement
en tenant mes chaussures à la main, et l'ombre de mon bois, loin
de cette terrible lumière. Qu'avez-vous à grimacer ainsi ? dit-il. Il
tenait sur ses genoux un grand sac noir, on aurait dit une trousse
d'accoucheur[136] j'imagine. Il l'ouvrit et me dit de regarder. Il était

---

[130] **particulièrement bien tournée**   particularly well stated
[131] **Bander** (*colloquial*)   To have an erection
[132] **pine** (*colloquial*)   penis
[133] **Le vomer lui-même**   The very vomer (*a bone of the skull in most vertebrates*)
[134] **les discussions... rien valu**   discussions were always bad for me
[135] **minette**   nonsuch, hop-trefoil (*an herb with black pods*)
[136] **une trousse d'accoucheur**   a midwife's bag

plein de fioles. Elles étincelaient. Je lui demandai si elles étaient toutes pareilles. Oho non, dit-il, c'est selon.[137] Il en prit une et me la tendit. Un shilling, dit-il, six pence. Que voulait-il de moi ? Que je l'achète ? Partant de cette hypothèse je lui dis que je n'avais pas d'argent. Pas d'argent ! s'écria-t-il. Brusquement sa main s'abattit sur ma nuque, ses doigts puissants se resserrèrent et d'une secousse il me fit basculer contre lui. Mais au lieu de m'achever [138] il se mit à murmurer des choses si douces que je me laissai aller et ma tête roula dans son giron. Entre cette voix caressante et les doigts qui me labouraient le cou le contraste était saisissant. Mais peu à peu les deux choses se fondirent, en une espérance accablante, si j'ose dire, et j'ose. Car ce soir je n'ai rien à perdre, que je puisse distinguer. Et si je suis arrivé au point où j'en suis (de mon histoire) sans qu'il y ait rien de changé, car s'il y avait quelque chose de changé je pense que je le saurais, il n'en reste pas moins [139] que j'y suis arrivé, et c'est déjà quelque chose, et qu'il n'y a rien de changé, et c'est toujours ça. Ce n'est pas une raison pour brusquer les choses. Non, it faut cesser doucement, sans traîner mais doucement, comme cessent dans l'escalier les pas de l'aimé qui n'a pu aimer et qui ne reviendra plus, et dont les pas le disent, qu'il n'a pu aimer et qu'il ne reviendra plus. Il me repoussa soudain et me montra de nouveau la fiole. Tout est là, dit-il. Cela ne devait pas être le même tout que tout à l'heure.[140] Vous voulez ? dit-il. Non, mais je dis oui, pour ne pas le vexer. Il me proposa un échange. Donnez-moi votre chapeau, dit-il. Je refusai. Quelle véhémence ! dit-il. Je n'ai rien, dis-je. Cherchez dans vos poches, dit-il. Je n'ai rien, dis-je, je suis sorti sans rien. Donnez-moi un lacet, dit-il. Je refusai. Long silence. Et si vous me donniez un baiser, dit-il enfin. Je savais qu'il y avait des baisers dans l'air. Pouvez-vous enlever votre chapeau ? dit-il. Je l'enlevai. Remettez-le, dit-il, vous êtes mieux avec.[141] Il réfléchit, c'était un

[137] **Oho non, dit-il, c'est selon.** Oh, Oh no, he said, for every taste.

[138] **au lieu de m'achever** instead of dispatching me

[139] **il n'en reste pas moins** the fact remains

[140] **le même tout que tout à l'heure** the same all as before (**tout** *refers to the* **tout est là** *in the preceding sentence*)

[141] **vous êtes mieux avec** you look nicer with it on (*the hat*)

pondéré.[142] Allons, dit-il, donnez-moi un baiser et n'en parlons
plus. Ne redoutait-il pas d'être éconduit ? Non, un baiser n'est
pas un lacet, et il avait dû lire sur mon visage qu'il me restait un
fond de tempérament. Allez, dit-il. Je m'essuyai la bouche, au
fond des poils,[143] et l'avançai vers la sienne. Un instant, dit-il. Je
suspendis mon vol.[144] Vous savez ce que c'est, un baiser ? dit-il.
Oui, oui, dis-je. Sans indiscrétion, dit-il, quand c'était, votre
dernier. Il y a un moment,[145] dis-je, mais je sais encore les faire.
Il enleva son chapeau, un melon,[146] et se tapota au milieu du front.
Là, dit-il, pas ailleurs. Il avait un beau front haut et blanc. Il se
pencha, en baissant les paupières. Vite, dit-il. Je fis la bouche en
cul de poule,[147] comme maman me l'avait appris, et la posai sur
l'endroit indiqué. Assez, dit-il. Il leva la main vers l'endroit, mais
ce geste, il ne l'acheva pas. Il remit son chapeau. Je me détournai
et regardai l'autre trottoir. Ce fut alors que je remarquai que nous
étions assis en face d'une boucherie chevaline. Tenez, dit-il, prenez.
Je n'y pensais plus. Il se leva. Debout il était tout petit. Donnant
donnant, dit-il, avec un sourire radieux. Ses dents brillaient.
J'écoutai s'éloigner ses pas. Quand je relevai la tête il n'y avait plus
personne. Comment dire la suite ? Mais c'est la fin. Ou est-ce que
j'ai rêvé, est-ce que je rêve ? Non, non, pas de ça,[148] voilà ce
que je réponds, car le rêve n'est rien, une rigolade.[149] Et avec ça
significatif ! Je dis, Reste là, jusqu'à ce que le jour se lève. Attends,
en dormant, que les lampes s'éteignent et que les rues s'animent.
Tu demanderas ton chemin, à un sergent de ville [150] s'il le faut,
il sera obligé de te renseigner, sous peine de manquer à son serment. Mais je me levai et m'éloignai. Mes douleurs étaient reve-

---

[142] **un pondéré**   a level-headed person
[143] **au fond des poils**   in the thick of my hair
[144] **Je suspendis mon vol.**   My mouth stood still.
[145] **Il y a un moment**   It's been quite some time
[146] **un melon**   a bowler (*hat*)
[147] **Je fis la bouche en cul de poule** (*colloquial*)   I pursed up my lips
[148] **pas de ça**   none of that
[149] **une rigolade** (*colloquial*)   a joke
[150] **un sergent de ville**   a policeman

nues, mais avec je ne sais quoi d'inhabituel qui m'empêchait de m'y blottir. Mais je disais, Petit à petit tu reviens à toi.[151] A considérer uniquement ma démarche, lente, raide, et qui à chaque pas semblait résoudre un problème statodynamique sans précédent, on m'aurait reconnu, si on m'avait connu. Je traversai et m'arrêtai devant la boucherie. Derrière la grille les rideaux étaient fermés, de grossiers rideaux en toile rayée bleu et blanc, couleurs de la Vierge, et tachés de grandes taches roses. Mais ils se rejoignaient mal au milieu et à travers la fente je pus distinguer les carcasses ténébreuses des chevaux vidés,[152] suspendus à des crocs la tête en bas.[153] Je rasais les murs,[154] affamé d'ombre. Penser qu'en un instant tout sera dit, tout sera à recommencer. Et les horloges publiques, qu'avaient-elles à la fin, elles dont l'air m'assénait, jusque dans mon bois, les grandes claques froides ? Quoi encore ? Ah oui, mon butin. J'essayai de penser à Pauline, mais elle m'échappa, ne fut éclairée que le temps d'un éclair, comme la jeune femme de tantôt.[155] Sur la chèvre aussi ma pensée glissait désolée, impuissante à s'arrêter. Ainsi j'allais, dans l'atroce clarté, enfoui dans mes vieilles chairs,[156] tendu vers une voie de sortie et les dépassant toutes, à droite et à gauche, et l'esprit haletant vers ceci et cela et toujours renvoyé, là où il n'y avait rien. Je réussis néanmoins à m'accrocher brièvement à la petite fille, le temps de la distinguer un peu mieux que tout à l'heure, de sorte qu'elle portait une sorte de bonnet et serrait dans sa main libre un livre, de prières peut-être, et d'essayer de la faire sourire, mais elle ne sourit pas, mais s'engloutit dans l'escalier,[157] sans m'avoir fourni son petit visage.[158] Je dus m'arrêter. D'abord rien, puis peu à peu, je veux dire s'enflant

---

[151] **tu reviens à toi**   you are coming to
[152] **des chevaux vidés**   gutted horses
[153] **la tête en bas**   head downwards
[154] **Je rasais les murs**   I hugged the walls
[155] **de tantôt**   of earlier
[156] **enfoui dans mes vieilles chairs**   buried in my old flesh
[157] **s'engloutit dans l'escalier**   vanished in the staircase
[158] **sans m'avoir fourni son petit visage**   without having yielded me her little face

hors du silence et aussitôt stabilisé, un genre de chuchotement massif, provenant peut-être de la maison qui me soutenait. Cela me rappela que les maisons étaient pleines de gens, d'assiégés, non, je ne sais pas. Ayant reculé pour regarder les fenêtres je pus me rendre compte, malgré les volets, stores et mystères,[159] que de nombreuses pièces étaient éclairées. C'était une lumière si faible, en regard de [160] celle qui inondait le boulevard, qu'à moins d'être averti du contraire, ou de le soupçonner, on aurait pu supposer que tout le monde dormait. La rumeur n'était pas continue, mais entrecoupée de silences sans doute consternés. J'envisageai de sonner à la porte et de demander abri et protection jusqu'au matin. Mais me revoilà en marche. Mais peu à peu, d'une chute à la fois vive et douce, le noir se fit autour de moi.[161] Je vis s'éteindre, dans une ravissante cascade de tons lavés, une énorme masse de fleurs éclatantes. Je me surpris à admirer, tout le long des façades, le lent épanouissement des carrés et rectangles, barrés et unis, jaunes, verts, roses, selon les rideaux et les stores, à trouver cela joli. Puis enfin, avant de tomber, d'abord à genoux, à la manière des bœufs, puis à plat ventre,[162] je fus au milieu d'une foule. Je ne perdis pas connaissance,[163] moi quand je perdrai connaissance ce ne sera pas pour la reprendre.[164] On ne faisait pas attention à moi, tout en évitant de me marcher dessus, égard qui dut me toucher, j'étais sorti pour cela. J'étais bien, abreuvé de noir et de calme, au pied des mortels, au fond du jour profond, s'il faisait jour. Mais la réalité, trop fatigué pour chercher le mot juste, ne tarda pas à se rétablir, la foule reflua, la lumière, revint, et je n'avais pas besoin de lever la tête de l'asphalte pour savoir que je me retrouvais dans le même vide éblouissant que tout à l'heure. Je dis, Reste là, étalé sur ces dalles amicales ou tout au moins

[159] **malgré les volets, stores et mystères**   in spite of shutters, blinds, and muslins (*curtains*)

[160] **en regard de**   in contrast to

[161] **d'une chute... autour de moi**   in a slow swoon, darkness fell about me

[162] **à plat ventre**   flat on my face

[163] **Je ne perdis pas connaissance**   I did not lose consciousness

[164] **pour la reprendre**   to recover it (*consciousness*)

neutres, n'ouvre pas les yeux, attends que vienne le Samaritain, ou que vienne le jour et avec lui les sergents de ville ou qui sait un salutiste.[165] Mais me revoilà debout, repris par le chemin qui n'était pas le mien, le long du boulevard qui montait toujours. Heureusement qu'il ne m'attendait pas, le pauvre père Breem, ou Breen. Je dis, La mer est à l'est, c'est vers l'ouest qu'il faut aller, à gauche du nord. Mais ce fut en vain que je levai sans espoir les yeux au ciel, pour y chercher les chariots. Car la lumière où je macérais [166] aveuglait les étoiles, à supposer qu'elles fussent là, ce dont je doutais, me rappelant les nuages.

[165] **un salutiste**   a Salvation Army member
[166] **où je macérais**   where I steeped in

questions

1. Enumérez toutes les rencontres que fait le narrateur au cours de son passage à travers la ville.
2. Faites une description physique du narrateur d'après les détails qu'il fournit sur sa personne et son habillement.
3. Relevez les passages où l'auteur à travers le narrateur fait allusion aux difficultés de la création littéraire.
4. Dans quelle mesure peut-on dire que cette histoire tombe dans le domaine de l'absurde?
5. Comment interprétez-vous le titre de cette nouvelle en fonction de ce que raconte le narrateur?

Boris Vian

1920-1959

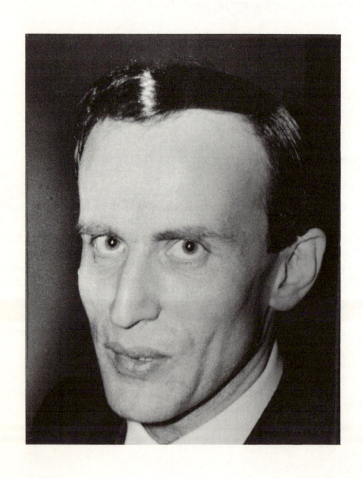

« Le 23 juin 1959, à l'âge de 39 ans, est mort à Paris l'écrivain Boris Vian. Il était surtout connu pour son roman pornographique *J'irai cracher sur vos tombes.* » Voici à peu près ce qu'on pouvait lire dans les journaux français au lendemain de la disparition de celui qui depuis la fin de "l'affreuse guerre" avait, par ses activités multiples et la diversité de ses œuvres, fait de lui-même une personnalité attachante mais contradictoire, un écrivain énigmatique et scandaleux. Depuis sa mort, Boris Vian s'est transformé en légende, et sa réputation ne cesse de s'accroître. Il est devenu en France l'idole de toute une génération de jeunes gens qui reconnaissent en lui et à travers les grandes lignes mystificatrices de son œuvre leurs propres soucis, obsessions et préoccupations. Tout ce qui avait hanté la vie fugace de celui que Simone de Beauvoir a décrit dans ses mémoires comme un être qui « cultivait trop complaisamment le paradoxe » mais qui en même temps avait « une extrême gentillesse et une espèce de candeur têtue », semble avoir une grande pertinence pour la jeunesse d'aujourd'hui.

L'attitude ouvertement anti-bourgeoise de Boris Vian, sa violente répulsion de tout ce qui est militariste et bureaucratique, son anticléricalisme, son énorme besoin d'affection, son hantise de la mort mais aussi son insouciance de la vie, tout ceci se reflète non seulement dans son œuvre prolifique (romans, nouvelles, pièces de théâtre, poèmes, essais, chansons, opéras, ballets), mais aussi dans sa propre existence qui ne semble avoir été qu'une suite de dédoublements, une multiplicité de déguisements et de fuites du moi dans ce qu'on a appelé « les vies parallèles de Boris Vian ».

Né le 10 mars 1920 à Ville-d'Avray, près de Paris, d'un père provençal et d'une mère parisienne, son enfance se passe dans la banalité d'un milieu bourgeois. Son prénom, Boris (aucune ascendance russe — ses parents aimaient simplement ce prénom), et, dans une certaine mesure, son nom de famille, Vian (qui semble être un anagramme d'Ivan) forment les premiers maillons d'une chaîne d'inexactitudes et de malentendus qui vont progressivement l'enfermer dans ce qui deviendra la légende de Boris Vian. C'est sans doute pour échapper à son nom qu'il abuse de divers pseudonymes : Vernon Sullivan sous lequel il écrit quatre de ses livres, Bison Ravi et Bison Vrai (anagrammes de son invention), et Adolphe Schmürz. Tout en lui est une recherche de l'équivoque et de la mystification. Il traîte la vie comme une fantaisie, mais ce n'est que pour mieux cacher ce qui transparaît à travers tout ce qu'il fait : le désespoir de l'homme traqué par les nécessités de la vie, et l'angoisse de l'être menacé par la mort. Malgré sa santé fragile — vers douze ans, en effet, il est frappé par une crise de rhumatisme articulaire aigu qui donne naissance, quelques années plus tard, à une cardiopathie — il semble avoir en une enfance et une adolescence heureuse dans une famille aisée qui, bien que bourgeoise, ne lui impose aucune restriction morale et ainsi ne lui offre aucune raison de se révolter.

Les études de Vian au lycée de Sèvres, au lycée Hoche de Versailles, puis au lycée Condorcet de Paris, sont à l'image de son enfance : banales et, somme toute, assez ternes. Dès son adolescence il est passionné par la culture américaine dont il a sans doute eu la révélation à travers le cinéma et le jazz. Ayant terminé ses études, sans trop d'enthousiasme, à l'Ecole centrale des Arts et Manufactures de Paris, il obtient son diplôme d'ingénieur. Il est alors admis à l'Association française de Normalisation où il est confronté par des travaux sans intérêt, le fonctionnarisme et la bureaucratie dans ce qu'ils ont de plus déprimant. C'est pour échapper à cette atmosphère étouffante qu'il forme, avec ses deux frères et quelques amis musiciens, un petit orchestre de jazz où il joue de la trompette. C'est aussi, vers 1942, tout simplement pour se distraire, qu'il entreprend de faire œuvre d'écrivain, et selon sa propre expression, « histoire d'amuser les copains ». Mais le voilà lancé dans ses innombrables existences.

Ingénieur diplômé, trompettiste et chroniqueur de jazz, chansonnier de cabaret (il a composé plus de 400 chansons), acteur de cinéma, romancier, poète, dramaturge, journaliste, spécialiste de science-fiction, créateur de plusieurs opéras et ballets, traducteur d'œuvres les plus disparates d'écrivains tels que Nelson Algreen, Kenneth Fearing, August Strindberg, Brendan Behan, et encore plus étonnant, traducteur des *Mémoires* du Général Omar Bradley, moraliste laissant inachevé un long *Traité de civisme,* Boris Vian, jusqu'à sa mort, joue tous les rôles, traîte tous les sujets, se lance dans toutes les activités avec une désinvolture chargée d'angoisse, car, comme il le dit dans un de ses poèmes : « Je voudrais pas crever/ Non monsieur non madame/ Avant d'avoir tâté/ Le goût qui me tourmente/... / Avant d'avoir goûté/ La saveur de la mort ».

Boris Vian débute dans la littérature avec quatre romans pornographiques qui ne sont pourtant pas dépourvus de valeur littéraire, en particulier le roman parodique *J'irai cracher sur vos tombes* qu'il prétend avoir traduit de l'écrivain nègre américain, Vernon Sullivan. Mais il est aussi l'auteur de cinq autres romans et d'un recueil de nouvelles dont les sujets vont du souvenir de l'enfance aux déclarations les plus forcenées contre la guerre en passant par la fantaisie et le grotesque et aboutissant au lyrisme le plus pur. Se servant aussi bien de l'argot que des formules les plus poétiques, il n'hésite pas à inventer des mots quand ceux qui sont à sa portée ne lui suffisent plus pour exprimer ce qu'il cherche à dire.

Ce n'est qu'après sa mort, et grâce à la réédition entreprise par l'éditeur Jean-Jacques Pauvert, que certains de ses livres reçurent l'attention qui leur revenait. *L'Ecume des jours,* publié d'abord en 1947, et qui vient d'être traduit en anglais sous le titre de *Mood Indigo,* est sans doute le plus important et le plus émouvant de ses livres. La fantaisie, l'amour contrarié, l'obsession de la mort en sont les thèmes qu'on retrouve d'ailleurs dans *Le Rappel.* Cette nouvelle, écrite sans doute vers 1947, mais publiée posthumement en 1962, est typique de la fiction de Vian. Le titre signifie le rappel de fragments de souvenirs dans l'esprit du protagoniste pendant les quelques secondes qui précèdent sa mort quand il se jette du haut de l'Empire State Building. Par association de mots et d'images, passant du monologue extérieur au monologue intérieur, de la réalité à l'imaginaire, le jeune homme révèle avec ironie et pathos les raisons qui l'ont amené au suicide. Le rythme de la chute accélère aussi la précipitation des images et des souvenirs dans l'esprit du jeune homme, de là la confusion apparente de la narration. Mais c'est justement l'effet que voulait créer Vian, et ainsi montrer le désespoir de la mort à travers des images fantaisistes, car c'est bien là la vision qu'il avait de la vie et de la mort. Ce n'est qu'en s'élevant au-dessus de la banalité de la vie quotidienne pour éventuellement plonger dans l'aventure que l'homme prend conscience de son existence, de son passé, et de sa mort future.

romans et nouvelles de Vian

Vercoquin et le plancton, roman (Paris, Gallimard, 1946; Le Terrain Vague, 1965)

L'Ecume des jours, roman (Paris, Gallimard, 1947; Plon, Collection 10–18, 1963; Pauvert, 1963)

L'Automne à Pékin, roman (Paris, Le Scorpion, 1947; Editions de Minuit, 1956

Les Fourmis, nouvelles (Paris, Le Scorpion, 1949; Le Terrain Vague, 1960)

L'Herbe rouge, roman (Paris, Toutain, 1950; Pauvert, 1962)

L'Arrache-Cœur, roman (Paris, Vrille, 1953; Pauvert, 1962)

Les Lurettes fourrées, nouvelles dans *Romans et Nouvelles* (Paris, Pauvert, 1962)

ouvrages à consulter

Arnaud, Noël, *Les Vies parallèles de Boris Vian* (Numéro spécial de la revue *Bizarre,* 39–40, 1966)

Baudin, Henri, *Boris Vian* (Paris, Editions le Centurion, 1966)

Noakes, David, *Boris Vian* (Paris, Editions Universitaires, 1963)

Rybalka, Michel, *Boris Vian: Essai d'interprétation et de documentation* (Paris, Minard, 1969)

Vree, Freddy de, *Boris Vian* (Paris, Le Terrain Vague, 1965)

Le Rappel

I

Il faisait beau. Il traversa la trente-et-unième rue, longea deux blocks,[1] dépassa le magasin rouge et, vingt mètres plus loin, pénétra au rez-de-chaussée de l'Empire State par une porte secondaire.[2]

Il prit l'ascenseur direct jusqu'au cent dixième étage et termina la montée à pied au moyen de l'échelle extérieure en fer,[3] ça lui donnerait le temps de réfléchir un peu.

Il fallait faire attention de sauter assez loin pour ne pas être rabattu sur [4] la façade par le vent. Tout de même, s'il ne sautait pas trop loin, il pourrait en profiter pour [5] jeter au passage un coup d'œil chez les gens, c'est amusant. A partir du quatre-vingtième, le temps de prendre un bon élan.[6]

Il tira de sa poche un paquet de cigarettes, vida l'une d'elles de son tabac, lança le léger papier. Le vent était bon, il longeait la façade. Son corps dévierait tout au plus [7] de deux mètres de largeur. Il sauta.

L'air chanta dans ses oreilles et il se rappela le bistro près de

[1] **longea deux blocks**   walked down two blocks
[2] **porte secondaire**   side entrance
[3] **l'échelle extérieure en fer**   the outside iron stairs
[4] **rabattu sur**   blown back against
[5] **en profiter pour**   take the opportunity to
[6] **le temps... bon élan**   just enough time to gain momentum
[7] **tout au plus**   at most

Long Island, à l'endroit où la route fait un coude près d'une maison de style virginal.[8] Il buvait un pétrouscola [9] avec Winnie au moment où le gosse était entré, des habits un peu lâches autour de son petit corps musclé, des cheveux de paille [10] et des yeux clairs, hâlé, sain, pas très hardi. Il s'était assis devant une crème glacée plus haute que lui et il avait mangé sa crème. A la fin, il était sorti de son verre un oiseau comme on en trouve rarement dans cet endroit-là, un oiseau jaune avec un gros bec bossué, des yeux rouges fardés de noir [11] et les plumes des ailes plus foncées que le reste du corps.

Il revit les pattes de l'oiseau annelées de jaune et de brun. Tout le monde dans le bistro avait donné de l'argent pour le cercueil du gosse. Un gentil gosse. Mais le quatre-vingtième étage approchait et il ouvrit les yeux.

Toutes les fenêtres restaient ouvertes par ce jour d'été, le soleil éclairait de plein fouet [12] la valise ouverte, l'armoire ouverte, les piles de linge que l'on s'apprêtait à transmettre de la seconde à la première. Un départ : les meubles brillaient. A cette saison, les gens quittaient la ville. Sur la plage de Sacramento, Winnie en maillot noir, mordait un citron doux. A l'horizon, un petit yacht à voiles se rapprocha, il tranchait sur les autres [13] par sa blancheur éclatante. On commençait à percevoir la musique du bar de l'hôtel. Winnie ne voulait pas danser, elle attendait d'être complètement bronzée. Son dos brillait, lisse d'huile, sous le soleil, il aimait à voir son cou découvert. D'habitude, elle laissait ses cheveux sur ses épaules. Son cou était très ferme. Ses doigts se rappelaient la

---

[8] *Of course Vian means Virginian style, but he often uses words in such a way so as to suggest an ambiguous meaning.*

[9] **pétrouscola**   *an imaginary drink. Vian is fond of creating such playful composite words; in this case, he is obviously bringing together part of the word Petrouchka (title of the Stravinsky ballet) and part of the word Coca-Cola.*

[10] **cheveux de paille**   straw-colored hair

[11] **des yeux rouges fardés de noir**   black-rimmed red eyes

[12] **de plein fouet**   directly. *Usually in the expression* **tir de plein fouet** (*direct fire upon a visible object*).

[13] **il tranchait sur les autres**   it stood out among the others

sensation des légers cheveux que l'on ne coupe jamais, fins comme les poils à l'intérieur des oreilles d'un chat. Quand on frotte lentement ses cheveux à soi derrière ses oreilles à soi,[14] on a dans la tête le bruit des vagues sur des petits graviers pas encore tout à fait sable.[15] Winnie aimait qu'on lui prît le cou entre le pouce et l'index par-derrière.[16] Elle redressait la tête en fronçant la peau de ses épaules, et les muscles de ses fesses et de ses cuisses se durcissaient. Le petit yacht blanc se rapprochait toujours, puis il quitta la surface de la mer, monta en pente douce vers le ciel et disparut derrière un nuage juste de la même couleur.[17]

Le soixante-dixième étage bourdonnait de conversations dans des fauteuils en cuir. La fumée des cigarettes l'entoura d'une odeur complexe. Le bureau du père de Winnie sentait la même odeur.[18] Il ne le laisserait donc pas placer un mot. Son fils à lui n'était pas un de ces garçons qui vont danser le soir au lieu de fréquenter les clubs de l'Y.M.C.A. Son fils travaillait, il avait fait ses études d'ingénieur et il débutait en ce moment comme ajusteur, et il le ferait passer dans tous les ateliers pour apprendre à fond[19] le métier et pouvoir comprendre et commander les hommes. Winnie, malheureusement, un père ne peut pas s'occuper comme il l'entend[20] de l'éducation de sa fille, et sa mère était trop jeune, mais ce n'est pas une raison parce qu'elle aime le flirt comme toutes les filles de son âge pour... Vous avez de l'argent ? Vous vivez

[14] **ses cheveux... oreilles à soi**   one's own hair behind one's own ears
[15] **pas encore tout à fait sable**   not yet completely (*transformed into*) sand
[16] **entre le pouce... par-derrière**   between the thumb and the index finger from behind (*the head*)
[17] *Note how Vian introduces elements of fantasy (the boat rising above the surface of the water to disappear behind a cloud, or earlier in the narration, the bird that comes out of an ice cream glass) into what seems on the surface to be a realistic description.*
[18] *Note how the narration moves in and out of the protagonist's mind, the transition being made usually by an association of words or images.*
[19] **apprendre à fond**   to learn thoroughly
[20] **comme il l'entend**   as he wishes

déjà ensemble... Ça m'est égal, ça n'a que trop duré déjà. La loi américaine punit heureusement ces sortes de choses et Dieu merci j'avais suffisamment d'appuis politiques pour mettre fin à... Comprenez-vous, je ne sais pas d'où vous sortez,[21] moi !...

La fumée de son cigare posé sur le cendrier montait comme il parlait, et prenait dans l'air des formes capricieuses. Elle se rapprochait de son cou, l'entourait, se resserrait, et le père de Winnie ne semblait pas la voir ; et quand la figure bleuie [22] toucha la glace du grand bureau, il s'enfuit car on l'accuserait sûrement de l'avoir tué. Et voilà qu'il descendait maintenant ; le soixantième n'offrait rien d'intéressant à l'œil... une chambre de bébé crème et rose. Quand sa mère le punissait, c'est là qu'il se réfugiait, il entrouvrait la porte de l'armoire et se glissait à l'intérieur dans les vêtements. Une vieille boîte à chocolats en métal lui servait à cacher ses trésors. Il se rappelait la couleur orange et noire avec un cochon orange qui dansait en soufflant dans une flûte. Dans l'armoire on était bien, sauf vers le haut, entre les vêtements pendus, on ne savait pas ce qui pouvait vivre dans ce noir, mais au moindre signe,[23] il suffisait de pousser la porte. Il se rappelait une bille de verre [24] dans la boîte, une bille avec trois spirales oranges et trois spirales bleues alternées, le reste, il ne se souvenait plus quoi. Une fois, il était très en colère, il avait déchiré une robe à sa mère, elle les mettait chez lui parce qu'elle en avait trop dans son placard,[25] et elle n'avait jamais pu la reporter.[26] Winnie riait tant, leur première soirée de danse ensemble, il croyait que sa robe était déchirée. Elle était fendue du genou à la cheville et du côté gauche seulement. Chaque fois qu'elle avançait cette jambe, la tête des autres types [27] tournait pour suivre le mouvement. Comme

[21] **je ne sais pas d'où vous sortez**   I know nothing about you
[22] **bleuie**   turned blue
[23] **mais au moindre signe**   but at the least sign (*of danger*)
[24] **une bille de verre**   a glass marble
[25] **elle les mettait... son placard**   she (*the mother*) kept some of her dresses in his wardrobe because she had too many in hers
[26] **la reporter**   to wear it again
[27] **types** (*colloquial*)   guys

d'habitude on venait l'inviter toutes les fois qu'il partait au buffet lui chercher un verre de quelque chose de fort, et la dernière fois son pantalon s'était mis à rétrécir jusqu'à s'évaporer, et il se trouvait les jambes nues en caleçon, avec son smoking court [28] et le rire atroce de tous ces gens, et il s'était enfoncé dans la muraille à la recherche de sa voiture. Et seule Winnie n'avait pas ri.

Au cinquantième, la main de la femme aux ongles laqués reposait sur le col du veston au dos gris et sa tête se renversait à droite sur le bras blanc que terminait la main. Elle était brune. On ne voyait rien de son corps, dissimulé par celui de l'homme, qu'une ligne de couleur, la robe en imprimé de soie, claire sur fond bleu.[29] La main crispée contrastait avec l'abandon de la tête, de la masse des cheveux étalés sur le bras rond. Ses mains se crispaient sur les seins de Winnie, petits, peu saillants, charnus, gonflés d'un fluide vivant, à quoi comparer cette sensation, aucun fruit ne peut la donner, les fruits n'ont pas cette absence de température propre, un fruit est froid, cette adaptation parfaite à la main, leur pointe un peu plus dure s'encastrait [30] exactement à la base de l'index et du médius, dans le petit creux de sa chair. Il aimait qu'il vivent sous sa main,[31] exercer une douce pression de droite à gauche, du bout des doigts à la paume,[32] et incruster étroitement [33] ses phalanges écartées dans la chair de Winnie jusqu'à sentir les tubes transversaux des côtes, jusqu'à lui faire mordre en représailles la première épaule la droite, la gauche, il ne gardait pas de cicatrices, elle arrêtait toujours le jeu pour des caresses plus apaisantes, qui ne laissaient pas aux mains cette indispensable envie d'étreindre,[34]

[28] **il se trouvait... smoking court**   he found himself legs naked in his under pants, with his short dinner jacket

[29] **claire sur fond bleu**   light on a blue background

[30] **s'encastrait**   fitted

[31] **qu'ils vivent sous sa main**   that they came alive (*under the pressure of his hand*)

[32] **du bout des doigts à la paume**   from the tip of the fingers to the palm

[33] **incruster étroitement**   to encrust firmly (*to press in*)

[34] **qui ne laissaient pas... d'étreindre**   which did not leave his hands with this indispensable urge to grasp

de faire disparaître dans les paumes refermées ces absurdes avancées de chair,[35] et aux dents ce désir amer de mâcher sans fin cette souplesse jamais entamée, comme on mâcherait une orchidée.[36]

Quarante. Deux hommes debout devant un bureau. Derrière, un autre, il le voyait de dos, assis. Ils étaient tous trois habillés de serge bleue,[37] chemises blanches, ils étaient massifs, enracinés sur la moquette[38] beige, issus du sol, devant ce bureau d'acajou, aussi indifférents que devant une porte fermée... la sienne... On l'attendait peut-être en ce moment, il les voyait monter par l'ascenseur, deux hommes vêtus de serge bleue, coiffés de feutre noir,[39] indifférents, peut-être une cigarette aux lèvres. Ils frapperaient, et lui, dans la salle de bains, reposerait le verre et la bouteille, renverserait, nerveux, le verre sur la tablette de glace[40] — et se dirait que ce n'est pas possible, ils ne savent pas déjà — est-ce qu'on l'avait vu — et il tournerait dans la chambre sans savoir quoi faire, ouvrir aux hommes en costume foncé derrière la porte ou chercher à s'en aller[41] — et il tournait autour de la table et voyait d'un seul coup, inutile de s'en aller, il restait Winnie sur tous les murs, sur les meubles, on comprendrait sûrement, il y avait la grande photo dans le cadre d'argent au-dessus de la radio, Winnie, les cheveux flous,[42] un sourire aux yeux — sa lèvre inférieure était un peu plus forte que l'autre, elle avait des lèvres rondes, saillantes et lisses, elle les mouillait du bout de sa langue[43] pointue avant d'être photographiée pour donner l'éclat brillant des photos des vedettes[44] — elle se maquillait, passait le rouge sur la lèvre supérieure, beaucoup de rouge, soigneusement, sans toucher l'autre lèvre, et puis pinçait sa bouche en la rentrant

---

[35] avancées de chair   fleshy protuberances
[36] de mâcher sans fin... une orchidée   to chew endlessly this untouched suppleness, as one would chew an orchid
[37] serge bleue   blue serge (*suits*)
[38] moquette   carpet
[39] coiffés de feutre noir   wearing black felt (*hats*)
[40] tablette de glace   glass shelf
[41] chercher à s'en aller   to try to get away
[42] les cheveux flous   soft flowing hair
[43] du bout de sa langue   with the tip of her tongue
[44] vedettes   stars (*actor or actress*)

un peu [45] et la lèvre supérieure se décalquait sur l'autre, sa bouche vernie de frais comme une baie de houx,[46] et ses lèvres résultaient l'une de l'autre, se complétaient parfaitement, on avait à la fois envie de ses lèvres et peur de rayer leur surface, unie avec un point brillant. Se contenter à ce moment-là de baisers légers, une mousse de baisers [47] à peine effleurés, savourer ensuite le goût fugitif et délicieux du rouge parfumé — Après tout, c'était l'heure de se lever, tout de même,[48] il l'embrasserait de nouveau plus tard — les deux hommes qui l'attendaient à la porte... et par la fenêtre du trentième, il vit sur la table une statuette de cheval, un joli petit cheval blanc en plâtre sur un socle, si blanc qu'il paraissait tout nu. Un cheval blanc. Lui préférait le Paul Jones,[49] il le sentait battre sourdement au creux de son ventre,[50] envoyer ses ondes bienfaisantes — juste le temps de vider la bouteille avant de filer [51] par l'autre escalier. Les deux types — au fait, étaient-ils venus, ces deux types ? — devaient l'attendre devant la porte. Lui, tout bien rempli de Paul Jones — la bonne blague.[52] Frapper ? C'était peut-être la négresse qui nettoyait la chambre... Deux types ? drôle d'idée. Les nerfs, il suffit de les calmer avec un peu d'alcool — Agréable promenade, arrivée à l'Empire State — Se jeter d'en haut. Mais ne pas perdre son temps — Le temps, c'est précieux. Winnie était arrivée en retard au début, c'était seulement des baisers, des caresses sans importance. Mais le quatrième jour, elle attendait la première,[53] il avait demandé pourquoi, narquoise-

[45] **pinçait sa bouche... un peu**   pursed her mouth pulling it in a little

[46] **vernie de frais... de houx**   freshly made up like a holly berry

[47] **mousse de baisers**   effervescence of kisses. *The image suggests a series of quick light kisses.*

[48] **tout de même**   after all

[49] **Lui préférait le Paul Jones**   As for him, he preferred the Paul Jones (*a brand of whiskey; the allusion to the white horse serves as a transition by evoking a whiskey of the same name*)

[50] **il le sentait... son ventre**   he felt it rumble deafly in the pit of his stomach

[51] **juste le temps... filer** (*colloquial*)   just enough time to empty the bottle before taking off

[52] **la bonne blague** (*colloquial*)   what a joke

[53] **elle attendait la première**   she was waiting first

ment, elle rougissait, ça non plus, ça n'avait pas duré, et c'est lui qui rougissait de sa réponse une semaine plus tard. Et pourquoi ne pas continuer comme ça, elle voulait l'épouser, il voulait bien aussi,[54] leurs parents pourraient s'entendre ? Sûrement non, quand il était entré dans le bureau du père de Winnie, la fumée de la cigarette avait étranglé le père de Winnie — mais la police ne voudrait pas le croire, était-ce la négresse ou bien les deux types en costumes foncés, fumant peut-être une cigarette, après avoir bu du Cheval Blanc en tirant en l'air [55] pour effrayer les bœufs, et ensuite les rattraper avec un lasso à bout doré.[56]

Il oublia d'ouvrir les yeux au vingtième et s'en aperçut trois étages plus bas.[57] Il y avait un plateau sur une table et la fumée coulait verticalement dans le bec de la cafetière ; [58] alors, il s'arrêta, remit de l'ordre dans sa toilette,[59] car sa veste était toute retournée et remontée par trois cent mètres de chute ; et il entra par la fenêtre ouverte.

Il se laissa choir [60] dans un gélatineux fauteuil de cuir vert, et attendit.

II

La radio fredonnait en sourdine [61] un programme de variétés. La voix contenue et infléchie de la femme réussit à renouveler un vieux thème. C'étaient les mêmes chansons qu'avant, et la porte s'ouvrit. Une jeune fille entra.

Elle ne parut pas surprise de le voir. Elle portait de simples

---

[54] **il voulait bien aussi**   he too was willing
[55] **en tirant en l'air**   firing in the air
[56] **un lasso à bout doré**   a golden-tipped lasso
[57] **s'en aperçut... plus bas**   realized it three stories further down
[58] **le bec de la cafetière**   the spout of the coffeepot
[59] **remit... sa toilette**   straightened up his clothes
[60] **Il se laissa choir**   He sank into
[61] **en sourdine**   softly (*sound or music*)

pyjamas de soie jaune, avec une grande robe de la même soie, ouverte devant. Elle était un peu hâlée, pas maquillée, pas spécialement jolie, mais tellement bien faite.[62]

Elle s'assit à la table et se versa du café, du lait, puis elle prit un gâteau.

— Vous en voulez ? proposa-t-elle.

— Volontiers.

Il se leva à demi pour prendre la tasse pleine qu'elle lui tendait, de légère porcelaine chinoise, mal équilibrée sous la masse du liquide.

— Un gâteau ?

Il accepta, se mit à boire à gorgées lentes,[63] en mâchant les raisins du gâteau.

— D'où venez-vous, au fait ?

Il reposa sa tasse vide sur le plateau.

— De là-haut.[64]

Il montrait la fenêtre d'un geste vague.

— C'est la cafetière qui m'a arrêté, elle fumait.

La fille approuva.

Toute jaune, cette fille. Des yeux jaunes aussi, des yeux bien fendus, un peu étirés aux tempes, peut-être simplement sa façon d'épiler ses sourcils. Probablement. Bouche un peu grande, figure triangulaire. Mais une taille merveilleuse bâtie comme un dessin de magazine, les épaules larges et les seins hauts, avec des hanches — à profiter de suite [65] — et des jambes longues.

Le Paul Jones, pensa-t-il.[66] Elle n'est pas réellement comme ça. Ça n'existe pas.

---

[62] **bien faite**   well built
[63] **se mit... lentes**   began to sip slowly
[64] **De là-haut**   From up there
[65] **à profiter de suite**   to take advantage of (*enjoy*) immediately (*on the spot*)
[66] *He thinks it's the influence of the whiskey that makes the girl appear so beautiful to him.*

— Vous ne vous êtes pas embêté [67] pendant tout le temps que vous avez mis à venir ? demanda-t-elle.

— Non... J'ai vu des tas de choses.[68]

— Vous avez vu des tas de choses de quel ordre ? ...

— Des souvenirs... dit-il. Dans les chambres, par les fenêtres ouvertes.

— Il fait très chaud, toutes les fenêtres sont ouvertes, dit-elle avec un soupir.

— Je n'ai regardé que tous les dix étages,[69] mais je n'ai pas pu voir au vingtième. Je préfère cela.

— C'est un pasteur... jeune, très grand et très fort... Vous voyez le genre ? [70] ...

— Comment pouvez-vous le savoir ? ...

Elle mit un temps à lui répondre.[71] Ses doigts aux ongles dorés enroulaient machinalement la cordelière de soie de son ample robe jaune.

— Vous auriez vu, continua-t-elle, en passant devant la fenêtre ouverte, une grande croix de bois foncé sur le mur du fond. Sur son bureau il y a une grosse Bible et son chapeau noir est accroché dans l'angle.

— Est-ce tout, demanda-t-il ?

— Vous auriez vu sans doute aussi autre chose...

Quand venait Noël, il y avait des fêtes chez ses grands-parents à la campagne. On garait la voiture dans la remise à côté de celle de ses grands-parents, une vieille voiture confortable et solide, à côté de deux tracteurs aux chenilles hérissées,[72] encroûtées de terre brune sèche et de tiges d'herbes fanées, coincées dans les

---

[67] **embêté** (*colloquial*)   bored
[68] **j'ai vu... choses**   I saw lots of things
[69] **tous les dix étages**   every tenth floor
[70] **Vous voyez le genre ?**   You see the type?
[71] **Elle mit un temps à lui répondre.**   She paused a while before answering him.
[72] **chenilles hérissées**   caterpillar treads

articulations des plaquettes d'acier. Pour ces occasions-là, grand-mère faisait toujours des gâteaux de maïs, des gâteaux de riz, toutes sortes de gâteaux, des beignets, il y avait aussi du sirop d'or, limpide et un peu visqueux, que l'on versait sur les gâteaux, et des animaux rôtis, mais il se réservait pour les sucreries.[73] On chantait ensemble devant la cheminée à la fin de la soirée.

— Vous auriez peut-être entendu le pasteur faire répéter [74] sa chorale, dit-elle.

Il se rappelait bien l'air.

— Sans doute, approuva la fille. C'est un air très connu. Ni meilleur ni pire que les autres. Comme le pasteur.

— Je préfère que la fenêtre du vingtième ait été fermée, dit-il.

— Pourtant, d'habitude...

Elle s'arrêta.

— On voit un pasteur avant de mourir ? compléta-t-il.

— Oh, dit la fille, cela ne sert à rien. Moi je ne le ferais pas.

— A quoi servent les pasteurs ?

Il posait la question à mi-voix pour lui-même ; [75] peut-être à vous faire penser à Dieu. Dieu n'a d'intérêt que pour les pasteurs et pour les gens qui ont peur de mourir, pas pour ceux qui ont peur de vivre, pas pour ceux qui ont peur d'autres hommes en costumes foncés qui viennent frapper à votre porte et vous faire croire que c'est la négresse ou vous empêchent de terminer une bouteille de Paul Jones entamée. Dieu ne sert plus à rien quand c'est des hommes que l'on a peur.

— Je suppose, dit la fille, que certaines personnes ne peuvent s'en passer.[76] Ils sont commodes pour les gens religieux, en tout cas.

— Il doit être inutile de voir un pasteur si l'on veut mourir volontairement, dit-il.

— Personne ne veut mourir volontairement, conclut la fille. Il

---

[73] **il se réservait pour les sucreries**   he would save some room for the sweets

[74] **faire répéter**   rehearse

[75] **Il posait... pour lui-même**   He asked the question in a whisper for himself

[76] **ne peuvent s'en passer**   cannot do without

y a toujours un vivant et un mort qui vous y poussent. C'est pour cela qu'on a besoin des morts et qu'on les garde dans des boîtes.

— Ce n'est pas évident, protesta-t-il.

— Est-ce que cela ne vous apparaît pas clairement ? demanda-t-elle doucement.

Il s'enfonça un peu plus [77] profondément dans le fauteuil vert.

— J'aimerais une autre tasse de café, dit-il.

Il sentait sa gorge un peu sèche. Pas envie de pleurer,[78] quelque chose de différent, mais avec des larmes aussi.

— Voulez-vous quelque chose d'un peu plus fort ? demanda la fille jaune.

— Oui. Cela me ferait plaisir.

Elle se levait, sa robe jaune luisait dans le soleil et entrait dans l'ombre. Elle tira d'un bar d'acajou une bouteille de Paul Jones.

— Arrêtez-moi,[79] dit-elle...

— Comme ça !...

Il la stoppa d'un geste impératif. Elle lui tendit le verre.

— Vous, dit-il, est-ce que vous regarderiez par les fenêtres en descendant ?

— Je n'aurai pas besoin de regarder, dit la fille, il y a la même chose à chaque étage et je vis dans la maison.

— Il n'y a pas la même chose à chaque étage, protesta-t-il, j'ai vu des pièces différentes toutes les fois que j'ouvrais les yeux.

— C'est le soleil qui vous trompait.

Elle s'assit près de lui sur le fauteuil de cuir et le regarda.

—Les étages sont tous pareils, dit-elle.

— Jusqu'en bas [80] c'est la même chose ?

— Jusqu'en bas.

— Voulez-vous dire que si je m'étais arrêté à un autre étage, je vous aurais trouvée ?

— Oui.

---

[77] **Il s'enfonça un peu plus**   He sank back a little more
[78] **Pas envie de pleurer**   *elliptical for* He did not feel like crying
[79] **Arrêtez-moi**   Say when
[80] **Jusqu'en bas**   All the way down

— Mais ce n'était pas du tout pareil... Il y avait des choses agréables, mais d'autres abominables... Ici c'est différent.

— C'était la même chose. Il fallait s'y arrêter.

— C'est peut-être le soleil qui me trompe aussi à cet étage, dit-il.

— Il ne peut pas vous tromper puisque je suis de la même couleur que lui.

— Dans ce cas, dit-il, je ne devrais pas vous voir...

— Vous ne me verriez pas si j'étais plate comme une feuille de papier, dit-elle, mais...

Elle ne termina pas sa phrase et elle avait un léger sourire. Elle était très près de lui et il pouvait sentir son parfum, vert sur ses bras et son corps, un parfum de prairie et de foin, plus mauve près des cheveux, plus sucré et plus bizarre aussi, moins naturel.

Il pensait à Winnie. Winnie était plus plate mais il la connaissait mieux. Même il l'aimait.[81]

— Le soleil, au fond, c'est la vie, conclut-il après un moment.

— N'est-ce pas que je ressemble au soleil avec cette robe ?

— Si je restais, murmura-t-il ?

— Ici ?

Elle haussa les sourcils.[82]

— Ici.

— Vous ne pouvez pas rester, dit-elle simplement. Il est trop tard.

A grand-peine,[83] il s'arracha du fauteuil. Elle posa la main sur son bras.

— Une seconde, dit-elle.

Il sentit le contact de deux bras frais. De près, cette fois, il vit les yeux dorés, piquetés de lueurs,[84] les joues triangulaires, les dents luisantes. Une seconde, il goûta la pression tendre des lèvres entrouvertes, une seconde il eut tout contre lui le corps drapé de soie resplendissante et déjà il était seul, déja il s'éloignait, elle

---

[81] **Même il l'aimait.**   In fact he loved her.
[82] **Elle haussa les sourcils.**   She raised her eyebrows.
[83] **A grand-peine**   With difficulty
[84] **piquetés de lueurs**   speckled with lights

souriait de loin, un peu triste, elle se consolerait vite, on le voyait aux coins déjà relevés de ses yeux jaunes — il quittait la pièce, rester était impossible — Il fallait tout reprendre au début [85] et cette fois, ne plus s'arrêter en route. Il remonta au sommet de l'immense bâtiment, se jeta dans le vide, et sa tête fit une méduse rouge sur l'asphalte de la cinquième avenue.

[85] **tout reprendre au début**   start all over again

questions

1. D'après les fragments de souvenirs qui passent dans l'esprit du protagoniste, reconstituez les événements qui l'ont amené au suicide.
2. Dans quelle mesure peut-on dire que malgré le sérieux de la situation cette nouvelle est comique?
3. Relevez les passages où certains objets, animaux, et êtres humains disparaissent. Expliquez la raison de ces disparitions.
4. Quels incidents de cette histoire vous semblent tout à fait fantastiques?
5. Comment interprétez-vous l'arrêt au dix-septième étage et la rencontre avec la jeune fille en jaune?

Robert Pinget

né 1920

Parmi les « nouveaux romanciers », Robert Pinget est sans doute le plus méconnu. Et pourtant son œuvre est considérable : depuis 1951, il a publié douze volumes de fiction (romans, récits, nouvelles, textes, dialogues), et a fait jouer plusieurs pièces de théâtre. La valeur littéraire de cette œuvre repose sur un paradoxe : l'entêtement d'un écrivain qui écrit pour nous dire qu'il est impossible d'écrire parce qu'il n'y a rien à écrire.

Pinget débute dans la littérature par des récits ironiques et satiriques qui ne comportent aucune morale et qui semblent n'avoir aucune raison d'être sauf en tant qu'exercices littéraires qui mettent en question l'acte même de leur création (*Entre Fantoine et Agapa, Mahu ou le matériau*). Mais, comme il le dit lui-même dans le texte que nous présentons ici : « Je suis donc convaincu aujourd'hui qu'on ne cherche point, dans l'œuvre d'art, à faire surgir le beau ou le vrai. On y a recours — comme à un subterfuge — que pour continuer de respirer.» Ainsi, au fur et à mesure qu'il se prononce son talent s'affirme mais en même temps déconcerte, car la fiction est pour lui « un subterfuge », et pourtant c'est le seul moyen de résister, de continuer à vivre.

Né à Genève en 1920, Pinget s'installe à Paris en 1948 où il fait ses études de droit et obtient sa licence. Puis il change de direction en entrant à l'Ecole des Beaux-Arts (section de peinture) où il reste trois ans. En 1950, il expose, sans trop de succès, à la Galerie du Siècle. Cependant c'est la littérature qui l'attire. En 1951, il publie un receuil de nouvelles qui par leur ton et leur ironie rappellent certains textes d'Henri Michaux. Depuis cette date, Pinget poursuit avec acharnement l'exploration de la région imaginaire qu'il a inventée et qui se situe « entre Fantoine et Agapa ». La fiction de Pinget forme donc une géographie, une topographie de l'imaginaire qui n'a pour règles qu'un parfait dérèglement de la fiction, et dans laquelle la fantaisie pure se fait et se défait avec une facilité déroutante. Personnages et lieux se multiplient et se décomposent les uns dans les autres.

Lire un texte de Pinget est une aventure de l'imaginaire, mais c'est aussi une aventure linguistique. C'est en fait une manière (même pour les plus savants) d'élargir les zones de la conscience individuelle et d'enrichir les données d'un langage personnel. Termes scientifiques, médicaux, agronomiques, néologismes, archaïsmes, idiotismes, argot, toute la gamme du langage se trouve exploitée dans l'œuvre de Pinget avec une dextérité étonnante. Et c'est parce que tout fonctionne ici au niveau du langage, au niveau de chaque mot dont nous saisissons le sens (très souvent ambigu) au fur et à mesure que nous avançons dans cette fiction de mots, faite de mots, que nous comprenons mieux ce que nous sommes : des êtres qui parlent et qui, en parlant, règlent le monde dans lequel nous existons.

« Journal » est le dernier texte du recueil *Entre Fantoine et Agapa* qui date de 1951. Ici se trouvent en essence tous les éléments de l'espace imaginaire que Pinget exploitera dans ses autres œuvres. Dès la première phrase (« Ah, les courses d'ongles ! »), nous sommes projetés dans le domaine de l'absurde, c'est-à-dire dans le domaine de la fiction où — comme nous l'ont appris les nouveaux romanciers — tout est possible. Bien que le narrateur de ce « Journal » parle sans s'émouvoir des activités les plus cruelles, des coutumes les plus étranges de créatures informes et difformes qui ne peuvent appartenir qu'au monde imaginaire, petit à petit, au delà de la fantaisie et du grotesque il prend pied dans le monde réel où vivent, souffrent et meurent des êtres dévorés par la mémoire, et qui s'appellent des hommes. Ainsi ce qui nous paraît étrange et irrationnel n'est autre que notre propre existence, notre propre façon d'agir et de réagir dans la réalité.

C'est par une comparaison avec certaines œuvres de Samuel Beckett et de Jorge Luis Borgès qu'on peut le mieux comprendre ce que fait Pinget. Pour lui, comme pour ces écrivains, le monde de la fiction est séparé de la réalité dans laquelle nous vivons, et pourtant la fiction elle aussi est une réalité. Pinget ne nous dit pas laquelle est meilleure, laquelle est la plus vraie. Il nous plonge simplement dans le « matériau » de la fiction, mais à chaque détour du voyage qu'il nous donne à entreprendre, dans le grotesque et le cruel, nous sommes étonnés de reconnaître notre monde et notre existence. Un texte comme « Journal » semble donc nous libérer des liens spatiaux et temporels qui nous rattachent à la réalité, mais en même temps nous aide à mieux saisir cette réalité. « Journal » nous fera sans doute rire, mais nous forcera aussi à réfléchir sérieusement sur la condition humaine, et c'est bien là le rôle qu'attribue Pinget à la littérature.

romans et nouvelles de Pinget

NOTE: Sauf pour *Le Renard et la boussole,* publié par Gallimard, toutes les autres œuvres de Pinget sont publiées à Paris, par les Editions de Minuit.

Entre Fantoine et Agapa, nouvelles (1951)
Mahu ou le matériau, récit (1952)
Le Renard et la boussole, roman (1953)
Graal Flibuste, roman (1956)
Baga, roman (1958)
Le Fiston, roman (1959)
Clope au dossier, roman (1961)
L'Inquisitoire, roman (1962)
Autour de Mortin, dialogues (1965)
Quelqu'un, roman (1965)
Le Libéra, roman (1968)
Passacaille, roman (1969)

ouvrages à consulter

Baun, Stephen, "Robert Pinget," *London Magazine,* IV, 7 (Octobre 1964), 22–35

Magny, Olivier de, "Robert Pinget ou le palimpseste," dans *Graal Flibuste* de Robert Pinget (Paris, Union Générale d'Editeurs, 1963), pp. 161–177

Nadeau, Maurice, "Robert Pinget," dans *Le Roman français depuis la guerre* (Paris, Gallimard, 1963), pp. 177–179

Pingaud, Bernard, "Robert Pinget," dans *Ecrivains d'aujourd'hui, 1940– 1960* (Paris, Grasset, 1969), pp. 409–413

Robbe-Grillet, Alain, "Un roman qui s'invente lui-même," dans *Pour un nouveau roman* (Paris, Gallimard, 1963), pp. 137–142

Journal

Ah, les courses d'ongles !¹ C'est une attraction d'ici. Tout le monde se déplace avec famille, maison, terrain,² et vient camper pour plusieurs mois, le temps des courses, dan l'espace réservé. Quelle que soit sa fortune,³ chacun trouve moyen d'accomplir le rite. Les chômeurs sont rares car il faut une main-d'œuvre importante pour la récolte. Les collecteurs s'y prennent un an à l'avance. Ils passent dans toutes les demeures, officielles ou non, avec des sacs qu'ils remplissent de rognures, d'ongles cassés, d'ongles arrachés — de ceux-là on trouve une quantité inépuisable dans les galetas à cause des tortures. Ils ne s'intéressent plus aux griffes d'animaux depuis le jour où, indociles, elles s'étaient ruées sur les spectateurs.

Donc, la récupération faite, les ongles sont entassés dans les silos voisins du champ de courses. Il ne reste en général plus que quelques semaines avant l'ouverture des jeux. On les emploie à niveler

---

¹ **les courses d'ongles** fingernail (or toenail) races. *Of course there are no such races, at least not in the real world, but in Pinget's fiction, where pure fantasy plays an important role, this kind of nonsensical invention is typical of the way Pinget undermines traditional realism.*

² **Tout le monde... terrain** *The notion of moving one's family with house and plot is again totally nonsensical, but as soon as the reader realizes that he is in the domain of pure fantasy, he is then able to accept the curious customs and habits of the imaginary people Pinget describes in this story.*

³ **Quelle que soit sa fortune** Whatever one's means

61

le terrain et surtout à stabiliser l'atmosphère. Cette opération était délicate et même dangereuse il y a peu d'années. Aujourd'hui, elle se pratique à l'aide de soupapes et de compresseurs géants aménagés le long de la piste. La population des alentours est avertie du début de la stabilisation. Elle doit décamper [4] dans les douze heures. Mais il y a toujours une centaine de milliers de retardataires qui sont pris dans les courants et déchiquetés. Ça fait des ongles en plus.[5]

Le jour inaugural arrive. On se place n'importe où, l'entrée est gratuite.[6] On peut dire qu'en principe les gens préfèrent une certaine altitude, celle des silos par exemple ou un à deux mille mètres plus haut. La seule vision de cette foule bariolée s'étageant sur plusieurs kilomètres de ciel est déjà magnifique. Que dire de [7] l'entrée en piste des ongles ? On n'a pas de point de comparaison — tout au plus la neige à l'horizontale. Au signal, ils foncent [8] en direction de l'Orient.

5 novembre.

En plein été, des affiches mauves sont placardées dans le pays pour annoncer la cueillette des feuilles. Tous les indigènes sont mobilisés pendant une semaine. Le territoire se transforme en un véritable champ de manœuvres.[9] Les organisations sanitaires de l'Etat assument à elles seules le transport, l'entretien et le logement des travailleurs. Vu la densité de la population et toutes industries ou entreprises privées devant cesser leur activité pendant ce temps, on imagine l'importance de la tâche qui incombe aux sus-dits [10] organes.

---

[4] **décamper** (*colloquial*)   clear out
[5] **Ça fait des ongles en plus.**   That makes more nails.
[6] **l'entrée est gratuite**   admission is free
[7] **Que dire de**   What can be said of
[8] **ils foncent** (*colloquial*)   they dash
[9] **champ de manœuvres**   drill ground
[10] **sus-dits**   above-mentioned

J'ai mal compris les motifs du transfert des habitants d'une contrée dans une autre, à l'opposé du territoire, pour cette corvée. Une question de rendement. J'ai eu l'honneur d'être présenté à l'un des membres du haut comité directeur. C'est un petit homme morose qui a passé sa vie à perfectionner le mécanisme administratif de la « semaine des feuilles ».[11]

Rendus à destination, les groupements (environ un million d'âmes) sont répartis par escouades de mille dans la contrée à dépouiller. Ces escouades — appelées vulgairement « les bringues »[12] — se mettent aussitôt au travail. Depuis le temps que ça dure, hommes, femmes et enfants grimpent aux arbres comme des singes. Toutes les espèces d'arbres autochtones sont visées par la loi.[13]

A ce régime cependant les variétés tendent à disparaître au profit d'un arbre-type,[14] entre le pommier et le marronnier d'Inde. Les haies, les taillis, les végétations des landes sont également visés. Chaque feuille doit être cueillie sans pédoncule, ce qui exige une grande dextérité des manipulants.[15] Les pédoncules, qui tombent normalement en automne, seront récupérés par des sociétés privées.

Au fur et à mesure de la cueillette,[16] on décharge les tombereaux de feuilles dans les canaux qui sillonnent le pays. Ils déversent leur charge dans les fleuves. Aux embouchures, l'amoncellement formidable est dirigé par un système de dragues et de grues sur

[11] « semaine des feuilles »   *Another invention of the author which has nothing to do with the gathering of leaves as we know it; here, as the text reveals, it becomes a rather maddening activity.*

[12] bringue *means in bits, in rags and tatters the word is often used colloquially in such expressions as* une grande bringue de femme (*a big gawk of a woman*) *or* faire la bringue (*to go on the spree, usually a gastronomic orgy*). *As used here the word has no exact translatable meaning.*

[13] Toutes les espèces... la loi.   All species of indigenous trees are certified by law.

[14] un arbre-type   a standard-type tree. *In this case a nonexistent type between the apple tree and the horse-chestnut tree.*

[15] manipulants   *Used here as a substantive meaning those who perform the picking, the pickers.*

[16] Au fur et à mesure de la cueillette   As the picking proceeds

tout le littoral où s'élève ainsi un bastion végétal qui, au contact des embruns, se décompose lentement jusqu'au printemps.

On commence au mois de mars l'exploitation de cette muraille pourrissante.

7 novembre.

Toute leur intimité s'autopsie [17] dans leurs yeux, même distraits. Vous marchez dans la rue au milieu d'êtres décortiqués.[18] Ils offrent un spectacle de division psychique monstrueux. Je n'en ai presque point rencontrés pour qui le présent eût d'importance. Ils projettent tout dans le futur. Un futur fait de préoccupations actuelles et de temps révolu.[19] Encombrés de cet impossible, ils cheminent de détresses en faillites.

Ils sont hantés dangereusement par l'éternité.

Quant aux enfants, je pense qu'ils ressemblent aux nôtres. Des rêves [20] de petits pains, de ballons, de canards. Ils titubent de soucis, lourds comme des planètes.

2 décembre.

La foule, au bruit de ce déchirement, n'a pas bronché. On aurait dit qu'elle s'absorbait dans un objet, indiscernable, non localisé.

---

[17] **s'autopsie** *This verb is never used reflexively; in this case it suggests that the inner self of these beings shows in their eyes as a kind of post-mortem.*

[18] **décortiqués** peeled, husked. *Used in reference to human beings the word takes on a colloquial meaning best expressed as wretched beings.*

[19] **Un futur ... temps révolu.** *A future made of present preoccupations and completed time would be a negation of the future, an impossibility, as the author is quick to point out in the next sentence. This is typical of Pinget's manipulation of fictitious time and space.*

[20] **Des rêves** (*colloquial*) Little darlings

Ce n'est pas la première manifestation du genre. La plus célèbre est, m'a-t-on dit,[21] historiquement classée sous le nom de vendredi-saint.[22] J'ai fait ce rapprochement parce qu'une petite fille à côté de moi s'est mise à sécher. Les cheveux, d'abord, sont tombés comme du foin. Puis le visage, devenu fibreux, s'est penché vers la poupée. D'une main, la petite serrait le fétiche contre soi et de l'autre essayait de se redresser la tête.[23] Mais les mains furent prises avec le corps jusqu'au bassin. Elle a fait encore deux pas. Puis les jambes se sont cassées.

Je n'avais jamais vu de masse populaire figée. L'endroit est si remuant[24] d'ordinaire qu'on y suit un individu, un couple, tout au plus un groupe. Pour lors,[25] on embrassait l'ensemble trop facilement. Je n'avais pas besoin de preuve, le spectacle magnétisait. C'est en y réfléchissant, plus tard, que l'idée de facilité à voir m'en confirma la réalité.

3 décembre.

Vous demandez votre chemin,[26] par habitude, à un passant. Il ne vous répond pas. Du coup,[27] vous sortez de votre automatisme. C'est pourtant vrai, le chemin est là, devant vous, presque sur vous.

Lutter contre une manie de comprendre vous est difficile à proportion de votre isolement. Je commence seulement, grâce à quelques amis, à me délier un peu.

Une de mes premières expériences fut d'acheter mon pain en

---

[21] **m'a-t-on dit**   I was told
[22] **vendredi-saint**   Good Friday
[23] **D'une main... la tête.**   *Note the ambiguity of this sentence which suggests that while the little girl is being metamorphosed into a doll she is able to play with the doll as though she were separated from herself.*
[24] **L'endroit est si remuant**   The place is so active
[25] **Pour lors**   Then
[26] **Vous demandez votre chemin**   You ask your way
[27] **Du coup** (*colloquial*)   Now at last

restant chez moi. Il m'a fallu une heure de tension pour me
détendre ; [28] une heure pour cerner la sensation de pain et ne
désirer qu'avec mes dents, mon palais, mon œsophage ; une heure
pour évacuer la décision ; une heure pour abolir le temps écoulé
(j'ai vérifié après) ; et voilà, le pain était sur ma table, je le
mangeais.[29]

Tout cela résultait d'un effort incalculable. Eux [30] n'en font
aucun : ils n'ont jamais perdu l'étonnante faculté.

4 décembre.

Après les pluies qui comblent les ornières vient la saison des
brouillards durcissants.[31] Ce sont des vapeurs sèches qui émanent
de fossiles. Extrêmement denses, elles flottent quelques jours au
niveau des hautes herbes pour se répandre ensuite à la hauteur
moyenne [32] des poumons humains. La réaction organique des indigènes est immédiate : ils grandissent jusqu'à émersion de l'appareil
respiratoire. Ce nivellement temporaire des statures donne lieu à
de traditionnelles plaisanteries. Tel nabot est alors nommé prési-
dent du « Club des Dégingandés »,[33] telle bigotte [34] enfin à hauteur
de bénitier y marque ses initiales, telle jeune fille surnommée « la
girafe » reçoit des échasses de ses amis, etc.

Sans cette surcroissance spontanée, il serait impossible de per-

---

[28] **Il m'a fallu... me détendre**   It took me an hour of tension to relax.
Note the contradictory aspect of this statement.

[29] *This whole paragraph is a good example of the kind of deliberate
nonsense Pinget uses in his fiction.*

[30] **Eux**   They (*the inhabitants of the imaginary country described in
this story*)

[31] **brouillards durcissants**   hardening fogs (*an impossibility, of course*)

[32] **la hauteur moyenne**   the average height

[33] **« Club des Dégingandés »**   Club of the Loose-limbed. *Used colloquially* **dégingandé** *refers to a disjointed person, usually tall and clumsy.*

[34] **bigotte**   female bigot (*usually spelled* **bigote**)

durer.[35] Les brouillards pétrifient toutes choses à leur niveau. Ainsi, chez les personnes, la région de la ceinture,[36] qui se trouve alors immergée, devient-elle rapidement comme une tranche de marbre. C'est l'arrêt momentané des fonctions basses,[37] les jambes continuant à se mouvoir normalement. On m'a dit que nombre d'indigènes à tendances spiritualistes n'attendaient que l'époque des brouillards pour mettre un frein à certains de leurs appétits.[38] Les autres, tributaires d'habitudes,[39] sont obligés de se maintenir couchés ou assis par terre, donc au-dessous des brouillards, le temps nécessaire au dégel, si l'on peut dire, des organes bloqués, quand ils veulent s'en servir. Ils doivent s'y prendre trois à quatre jours à l'avance.

Les animaux de petite taille ne sont pas inquiétés. Les grands animaux non plus, ils dépassent pulmonairement le fatal niveau.[40]

La saison des brouillards, qui revient environ tous les dix ans, dure six mois de calendrier grégorien.[41]

18 décembre.

Quand ils veulent échapper à la honte, ils sont les créatures les plus à plaindre que j'aie jamais vues. La transparence de leurs âmes étant non seulement constitutive mais aussi fonction active, un peu comme d'une vitre qui avancerait, qui viendrait se briser sur

[35] **perdurer** *a neologism from the word* **durer,** *to last;* **perdurer** *suggests to outlast, survive.*

[36] **la région de la ceinture** the region around the waist

[37] **fonctions basses** lower functions (*suggesting both lowly and lower functions of the human body*)

[38] **pour mettre... appétits** to curb certain of their desires (*ironically suggesting the sexual desires of those who have spiritual tendencies*)

[39] **tributaires d'habitudes** dependent on habits (*sexual habits*)

[40] **ils dépassent pulmonairement le fatal niveau** lung-wise they (*the tall animals*) stand above the fatal level. *The adverb* **pulmonairement** *is a neologism.*

[41] **calendrier grégorien** Gregorian calendar (*the reformed Julian calendar now in use in the Western world*)

l'obstacle, aucune lâcheté n'est propre à celui qui la commet.[42] Elle s'insère dans le réseau de turpitudes qui relie tous ces gens entre eux.

Cette sorte de lien permanent, d'omniconscience,[43] devrait, semble-t-il, exclure le sentiment de l'irrémédiable, qui est égoïste, et lui substituer celui de la complicité, de la collusion. Il n'en est rien, la vergogne demeure.[44] J'ai vu des misérables aux prises avec elle se percher sur les arbres comme des chouettes et y veiller pendant des nuits. L'échafaudage du péché et du remords, de leur compénétration [45] et de leurs influences réciproques se dressant, tangible et inutile, devant eux, ils faisaient figure, sur leurs perchoirs, de faux points de rencontre, d'intersections postiches.

Car leurs notions d'absolu sont déficientes. Ils ont une connaissance vague de mystères divins, de rédemptions allégoriques, dont la disproportion avec leur richesse affective est telle qu'un manquement à l'honnêteté les plonge dans le marasme.[46]

Oh ces arbres, avec leur poids de chairs souffrantes...

20 décembre.

Superficiellement, on prendrait les prairies pour des portes, des battants.[47] Elles s'ouvrent en longueur sur les petites clôtures mais

[42] **aucune lâcheté... la commet** no cowardice is characteristic of the one who commits it

[43] **omniconscience** *A neologism suggesting a collective consciousness.*

[44] **Il n'en est rien, la vergogne demeure.** Nothing doing, shame remains. *The word* **vergogne** *is somewhat archaic.*

[45] **compénétration** *The word is created by Pinget to suggest the meaning of a complete interpenetration.*

[46] **marasme** marasmus (*a gradual loss of flesh and strength as from malnutrition*). *The word is used here somewhat colloquially and ironically in the sense that these people suffer a slump in their affective wealth.*

[47] **Superficiellement... des battants.** Superficially, one could mistake the meadows for doors, hanging doors. *Note the double meaning of the word* **superficiellement.**

se referment avec difficulté si on néglige les inscriptions. Les inscriptions servent de charnières. On les renouvelle périodiquement, alternant les lettres rouges avec les bleues. L'effet est joli au changement, quand toutes les inscriptions ne sont pas encore unifiées.

Le travail agricole est pénible. Il faut en même temps faire jouer les portes et aplatir du pied les bourrelets qui ont tendance à se former sur les clôtures. J'ai essayé avec l'aide d'un paysan. Mais au moment d'obliquer sur la partie non découverte, j'ai lâché prise,[48] le bourrelet est venu frapper contre mon pied, et l'homme n'a eu que le temps de me pousser en arrière. J'ai échappé de justesse [49] à ce qu'ils appellent là-bas « la rave ».[50]

Telles paraissent superficiellement les prairies. Mais en profondeur, je sais qu'elles sont des tombeaux.

21 décembre.

On peut se joindre à n'importe quel ruban.[51] Ils sinuent [52] dans toutes les villes aux approches de la maladie, soit pour la conjurer, soit pour la provoquer. Un mouvement giratoire s'établit, qui entraîne les intéressés. Les derniers à se mettre en branle [53]

[48] **j'ai lâché prise**   I let go

[49] **J'ai échappé de justesse** (*colloquial*)   I had a narrow escape

[50] **« la rave »**   the rape (*a turnip-like plant*). *Pinget uses the word here as though it had the meaning of some sort of evil characteristic of the country.*

[51] **On peut se joindre... ruban.**   One can join any kind of ribbon. *Another nonsensical aspect of this country where ribbons fly through the streets like an epidemic.*

[52] **Ils sinuent**   They meander *This verb does not exist in modern French.*

[53] **se mettre en branle**   to set in motion

sont rejetés latéralement et font tampon à l'angle des immeubles. A vrai dire, sitôt rejoint le ruban, chaque manifestant dégénère dans la trame où il se filifie.[54] Dans les quartiers populaires, le surenrubannement [55] peut causer des désastres. Il y a quelque temps, le flot fut si compact à « Navigation » qu'il entraîna même les immeubles et roula jusqu'aux forêts de Grance.[56] On n'y retrouva pas trace de pierres ni d'habitants. La trame avait tout dévoré.

Normalement, les rubans cessent après six jours. La maladie s'éloigne ou éclate violemment, selon les rogations.[57] Il arrive que l'épidémie souhaitée ne soit pas jugée assez virulente. On constitue alors hâtivement des rubans artificiels. Mais leur pouvoir est beaucoup moins grand et le supplément de virus obtenu n'est jamais suffisant aux besoins. C'est ce qui a inspiré le dicton « à mauruban, mauvirus ».[58]

15 mars.

On voudrait être doryphore ou hanneton [59] pour se gonfler du suc des plantes. Il enivre immédiatement mais s'altère [60] au contact

[54] **il se filifie**   *A neologism from the word* **fil** (*thread*); **se filifier**, *as used here, means to distintegrate into threads.*

[55] **surenrubannement**   *a made-up word; in the context of this passage suggests an excessive involvement with ribbons*

[56] **Grance**   *A fictitious place as are most places in Pinget's fiction.*

[57] **les rogations**   public prayers (*usually solemn supplications chanted during procession on the three days before Ascension Day*)

[58] **« à mauruban, mauvirus »**   *a play on words which suggests "bad ribbon, bad virus"*

[59] **doryphore ou hanneton**   Colorado beetle (*also known as potato bug*) or cockchafer. *Both are very destructive insects.*

[60] **s'altère**   alters. *The verb is used, however, with its double meaning: to alter, and to make thirsty.*

de nos muqueuses buccales.[61] Il faut l'ingérer au moyen de sondes.[62] Le plaisir est très médiocre. On étudie actuellement la composition chimique des mandibules du hanneton pour lancer sur le marché une gomme liquide à base de cette formule. Il suffira d'un badigeon préalable de la bouche pour ingurgiter les sèves bénéfiques.[63]

16 mars.

Sur l'arête des linteaux, sur le coupant des vitres, sur le fil d'un canif [64] avancent à reculons leurs sympathies. Comme ils sont timides ! La traîne imperceptible dont ils alourdissent un mot fait trébucher leurs déclarations d'amour. Ils ne peuvent continuer, ils se barricadent. Pour les avoir interrogés sur leurs peines sentimentales, on n'oublie plus la réponse. Un grand respect m'a gagné et je crois qu'entre eux, c'est de cela même qu'ils souffrent.[65] Ils voudraient être bafoués.

17 mars.

Des légumineuses papillonacées [66] encombrent les jardins publics. Elles étouffent toute autre végétation et prolifèrent en vastes na-

[61] **muqueuses buccales**   mucous membranes of the mouth

[62] **l'ingérer au moyen de sondes**   to ingest by means of tasters. *The word* **sonde** *has two meanings, a sounding-line and a taster as for cheese or wine; both meanings are suggested here.*

[63] **Il suffira... bénéfiques.**   All that will be necessary is a preliminary distempering of the mouth in order to ingurgitate the beneficent sap.

[64] **le fil d'un canif**   the edge of a pocketknife

[65] **c'est de cela même qu'ils souffrent**   this is the very thing from which they suffer

[66] **légumineuses papillonacées**   papilionaceous leguminous plants (*having an irregular corolla shaped somewhat like a butterfly, as the pea*). *Usually spelled* **papilionacé.**

celles.[67] On est absorbé par la valvulation [68] des lianes, on se retrouve sous le couvert des étamines. Des mortaises creusées à même les troncs supportent les étais des planchers supérieurs où reposent, dans les espaces botaniques, des capillarimètres.[69] Un incessant contrôle des succions obvie à l'appauvrissement du sol. Les désœuvrés peuvent s'inscrire aux succursales du Centre chloro-phyllien [70] comme préparateurs. Ils sont précieux aux enfants qui les harcèlent de questions et les prennent pour guides dans les labyrinthes. L'un de ces fonctionnaires, que je connais bien, m'a piloté un jour sur une corolle. Il n'y avait personne. Le merveil-leux tissu fondait au soleil, dangereux comme un glacier. Nous fîmes deux traversées, munis de becs-d'âne [71] appropriés, taillant notre chemin, crevant les boursouflures. Quelle joie pour les yeux ! Chaque repli, en forme de cornet, s'ouvrait par le bas sur l'immense panorama du jardin ! Je voyais les capillarimètres gros comme des points d'acné, les serres comme des gouttes d'eau. L'incurvation des nacelles, m'expliqua le préparateur, favorise la fructification. Je croyais qu'elle était naturelle et m'étonnai. Il m'interrompit par ces mots : « Nature foliole, génie bricole ».[72] Cette façon de parler en proverbes est un de leurs défauts.

Les dormeurs de parcs sont patentés [73] par le gouvernement. Aux heures d'ombre, quand les flâneurs se retirent, ils s'installent dans les bocages avec leur serinette [74] dont ils jouent l'air sempi-

[67] **nacelle** *The basket-like cockpit of a dirigible. A rare usage here to refer to that part of a papilionaceous plant shaped like a basket.*

[68] **valvulation** *A neologism from the word* **valve,** *that part of a dry fruit which opens to let out the grain.*

[69] **capillarimètres** *instruments used to measure various phenomena at the surface of a liquid, in particular the tension in capillary tubes*

[70] **Centre chlorophyllien** Chlorophyllian center. *Of course there is no such organization.*

[71] **becs-d'âne** (*also* **bédane**) mortise chisels

[72] **« Nature foliole, génie bricole ».** *nonsense proverb which can be translated as "Nature foliolates, genius putters"*

[73] **Les dormeurs de parcs sont patentés** Those who sleep in parks are licensed

[74] **serinette** a bird organ (*also a music box used to teach canaries to sing*)

ternel des Allobroges.[75] Leurs béquilles, coutumières des filouteries d'auberges, dégringolent [76] par les égouts et peuplent les hôtels.

18 mars.

Leurs artistes travaillent en vase clos.[77] Ils n'ont aucun public. Se recrutant parmi les criminels de droit commun, ils sont interdits.[78] Tout contact avec l'un d'eux est forfaiture. Les établissements pénitentiaires sont d'un choix plus étendu que chez nous, les condamnés pouvant être placés dans n'importe quel atelier d'artiste.

La délicatesse du cœur, loin d'être émoussée chez cette vermine, s'accroît à proportion de leur culpabilité. Quand, au mépris des poursuites, un curieux se risque chez eux et admire quelqu'une de leurs œuvres, cette communion de sentiment avec le visiteur est tellement inespérée que les reclus perdent la tête. Ils tournoient sur eux-mêmes, se ruent sur l'œuvre qu'ils piétinent, lacèrent, concassent. Ils disparaissent ensuite dans les murs où, pendant le reste de leur vie, ils sont rongés du scrupule d'avoir trompé le monde.

19 mars.

Perdre un contour, ou un segment, ou tout un côté du corps, la surface hachurée diminue d'autant, les aisselles n'y sont plus

[75] **l'air sempiternel des Allobroges**   the everlasting tune of the Allobroges (*an ancient Celtic tribe living in the Southeastern part of France and in Switzerland around Geneva; the Allobroges are first recorded in history when Hannibal passed through their territory in 218* B.C.)

[76] **dégringolent** (*colloquial*)   tumble down

[77] **en vase clos**   in closed quarters. **Un vase clos** (*in English a retort*) *is a glass bulb with a long neck bent downward, used for distilling or decomposing substances by heat.*

[78] **ils sont interdits**   they are [*convicts*] under judicial disability

comprises.[79] Vous déambulez avec des trous, portant dans un cartable votre silhouette au fusain. La joue s'émancipe.[80] La mâchoire, apparente, vague entre cou et glotte ; [81] les ailes du nez bourgeonnent en œdèmes pharyngaux ; [82] des liqueurs nauséeuses transpirent le long des apophyses.[83] Les sphincters tronqués refluent vers les centres nerveux, l'épigastre se subdivise.[84] Le cartable finit par tomber aussi, votre main s'invagine, et l'esquisse élaborée la veille est tachée de purin.[85] C'est un abandon de plasma.[86] Il se produit fréquemment au cours des randonnées champêtres. Plusieurs camarades sont partis pour la journée, ils reviennent méconnaissables.

20 mars.

Voici le plectre [87] dont on use dans les orchestres. Il est rétractile aux mains des non-professionnels, donc d'un emploi malaisé. Mais

[79] *Note how the bodies of these people are described as though they were mere drawings, parts of which can be erased. Note also, throughout the following paragraph, the richness of Pinget's vocabulary as he describes in medical terms the curious transformations that these people undergo. An effort is made in the following notes to clarify this extremely specialized vocabulary.*

[80] **La joue s'émancipe.**   The cheek runs wild.

[81] **La mâchoire... cou et glotte**   The visible jaw is vacant between the neck and glottis (*the opening at the upper part of the larynx*)

[82] **les ailes du nez... pharyngaux**   the wings (*sides*) of the nose bud (*become pimply*) with pharyngeal oedema (*swelling tumors pertaining to the pharynx*)

[83] **des liqueurs nauséeuses... apophyses**   nauseous liquids transpire along the apophyses (*natural outgrowths of the bone surface*)

[84] **Les sphincters... se subdivise.**   The truncated sphincters (*circular bands of muscles which encircle an orifice of the body*) surge back toward the nervous centers, the epigastrium (*the upper and median part of the abdomen*) subdivides itself.

[85] **votre main s'invagine... de purin**   your hand invaginates (*forms a pocket by turning inward*) and the sketch elaborated the day before becomes stained with liquid manure

[86] **C'est un abandon de plasma.**   It is a loss of plasma (*the liquid part of the blood as distinguished from the corpuscles*).

[87] **plectre**   plectrum (*a small piece of wood, metal, or ivory used for plucking the strings of a lyre, guitar, etc.*)

quelles harmoniques n'éveille-t-il pas de la corde ! Les solos d'instruments, de plus en plus à la mode, se cantonnent dans un registre
aigu. Mon tympan ne perçoit encore que des bribes de mélodie.
Manque de souplesse. Mais les auditeurs familiers n'apprécient
guère que cette musique. On le voit à leurs physionomies. Elles
dénotent, pendant l'exécution, une telle spiritualité que j'imagine
d'après elles l'éloquence de la phrase musicale. La moindre perturbation acoustique — un gant qu'on retire, un lacet qui se dénoue
— détruit sans doute l'impression d'ensemble car le soliste est
prié de rejouer en fin de concert. Les « bis » sont en quelque
sorte les « ratés ».[88] Dans les salles les plus sélectes, un habillement
spécial est imposé aux auditeurs, confectionné d'étoffes sourdes.[89]

L'affluence populaire est grande quand un chanteur, une cantatrice, doit se produire. En effet, soucieux étrangement de leur art,
ils ont cultivé une technique du souffle qui supprime les respirations.[90] La ligne mélodique est ainsi sauvegardée dans sa monotonie
essentielle. Mais l'épuisement des virtuoses est consommé en fin
de récital. Ils meurent devant la foule extasiée. Une cérémonie les
enlève de la scène jusqu'au cimetière. Au passage de la dépouille,
chaque auditeur à tour de rôle [91] vient aspirer sur la bouche martyre
le peu d'oxygène introduit par les hoquets de l'agonie.[92]

29 mars.

Les couverturiers [93] sont nombreux. Ce métier sans intérêt est
ici une profession courue.[94] L'apprentissage très long sélectionne

[88] **Les « bis » sont... les « ratés ».**   The encores are as it were the failures.

[89] **un habillement... sourdes**   a special suit of clothes, made of muffled
fabric, is imposed on the listeners

[90] **ils ont cultivé... respirations**   they have perfected a technique of
breathing which suppresses respirations. *Note the absurdity of this statement.*

[91] **à tour de rôle**   in turn

[92] **les hoquets de l'agonie**   the last gasps of death agony

[93] **couverturiers**   *A neologism meaning those who make blankets.*

[94] **une profession courue**   a sought-after profession

les aptitudes. On n'est jamais sûr du résultat, car l'apparition du douzième sens [95] — ou, suivant les individus, du treizième — n'a lieu qu'après un entraînement surintensif. Il se produit alors chez le couverturier de vocation un phénomène d'enveloppement surnommé « voltage » [96] par les cliniciens. On ne peut à proprement parler le définir. C'est un halo. La tension nerveuse du sujet s'y transfère d'un bloc.[97]

L'épreuve subie par le futur artisan, et qui le consacrera, est sa mise en présence d'une carde-type [98] — inutilisable en pratique — réunissant les pièces essentielles, grossies vingt fois,[99] de tout le matériel de travail. Le candidat est ligoté et doit pouvoir, au moyen de son seul voltage, faire trois couvertures d'épaisseur et de tissage différents. Ces coupons-tests sont la propriété du syndicat.[100]

1er juin.

Les cotes, les signes topographiques, les étalons de mesures quelconques — monétaire, spatiale et autres — sont autant de symboles aussi désuets que la concordance embolismique.[101] Il y a belle

[95] **douzième sens** *The narrator does not specify what the twelfth or thirteenth sense is, no doubt because there are no such senses; but in the world of Pinget's fiction one must be ready to accept all sorts of impossibilities.*

[96] *In view of the* **surintensif** *(a term which relates to electrical current) training which the blanket-makers of vocation must undergo, it is quite logical that they should suffer of* **voltage** *(high tension).*

[97] **d'un bloc**   all at once

[98] **une carde-type**   a standard-type card *(an implement used in disentangling and combing out fibers of wool preparatory to spinning)*

[99] **grossies vingt fois**   enlarged twenty times

[100] **Ces coupons-tests... syndicat.**   These trial-pieces are the property of the trade association.

[101] **la concordance embolismique**   *the intercalation of a month in the Greek calendar to reestablish the concordance of the lunar year with that of the sun.*

lurette [102] que tout cet arsenal de conventions est pratiquement abandonné.

En effet, des disciplines telles par exemple que géographie ou astrologie ne stimulent plus que les intelligences sclérosées, à l'instar des mathématiques.[103]

Cependant, un danger menace encore l'enseignement, soit une survivance superstitieuse des notions scientifico-historiques qui ne correspond plus du tout à l'évolution des esprits. Partant,[104] dans les cours universitaires, de fréquentes confusions et des anachronismes. Un professeur distingué a risqué dernièrement l'affirmation que les druides immolaient des azimuts et des scolopendres à la déesse Raison.[105] Cela est fâcheux.[106] Mais j'ai bon espoir malgré ces aberrations. Elles ne nuisent en effet qu'à la jeunesse studieuse, qui par ailleurs perd de plus en plus la mémoire.

13 juin.

Dans les cabanes d'enterreuses,[107] il n'y a place que pour une personne. Lorsqu'on rentre de nuit, on s'y arrête volontiers. L'occupante est rarement là. Sa besogne l'appelle ailleurs, parmi les fourrés, les ravines qu'elle scrute à la brune. Drôle de besogne ! [108] Donc on pénètre dans le réduit où sont pêle-mêle sarcloirs, houes, grappins.[109] Le chanvre à dépecer, serré dans un bahut, on a tôt

---

[102] **Il y a belle lurette** (*colloquial*)   It's been a long time
[103] **à l'instar des mathématiques**   in the same manner as mathematics
[104] **Partant**   Consequently
[105] **les druides... déesse Raison**   the druids used to sacrifice azimuts (*angle of a vertical plane with another vertical plane*) and scolopendrids (*types of centipede*s) to the goddess Reason
[106] **Cela est fâcheux.**   This is unfortunate.
[107] **cabanes d'enterreuses**   female buriers' huts. *Another invention of the author.*
[108] **Drôle de besogne !**   Funny job!
[109] **où sont... grapins**   where spuds, hoes, grapnels are lying pell-mell

fait de le jeter à la flamme pour se dégeler un peu.[110] Cette coutume de dépecer les cadavres à coups de chanvre remonte très haut.[111] Par frottements ininterrompus aux jointures, les enterreuses parviennent à détacher les chairs qu'elles farcissent de charpie[112] avant de les ficeler aux grappins. Au fond des quelque douze puits d'alentour, elles les coulent ensuite simultanément. Carcasse et viscères sont seul inhumés, non par l'enterreuse elle-même, mais par la plus proche voisine. Elles font des lieues pour se rejoindre à travers bois, enfonçant jusqu'à mi-corps dans les tourbières.

Les larves qu'elles engraissent dans ces marais, elles les mangent à grosseur de boudins.[113]

Misérable, au reste,[114] est leur existence. Dormir debout dans leur guérite, souffrir de rhumatismes crâniens — à la suture fronto-pariétable, fort lâche[115] — qui ne leur laissent pas de répit, combattre les boursouflures périodiques de leur épiderme — lesquelles peuvent atteindre à la dimension de la guérite et à la résistance d'une charpente —, trembler jour et nuit d'oublier un grappin dans un puits...

Elles s'accouplent entre elles, sans aucune libido, et donnent naissance à des filles comestibles, des manières de saprophytes.[116]

28 juillet.

« C'est à prendre ou à laisser »[117] : injonction familière aux coiffeuses. Les clientes ne s'en formalisent plus. Connaissant leur

[110] **on a tôt fait... un peu**   one soon throws it on the fire to warm up a little

[111] **remonte très haut** (*colloquial*)   goes way back in time

[112] **elles farcissent de charpie**   they stuff with mincemeat

[113] **à grosseur de boudins**   (*when they reach*) the size of blood puddings

[114] **au reste**   besides

[115] **à la suture fronto-pariétale, fort lâche**   with an extremely loose frontal-parietal suture (*the parietal bones form most of the top and sides of the skull*)

[116] **donnent naissance... saprophytes**   give birth to edible girls (*daughters*), kinds of saprophytes (*vegetable organism that lives on dead organic matter, fungi, bacteria, etc.*)

[117] **« C'est à prendre ou à laisser »**   Take it or leave it

devoir, elles baissent la tête. Pour enrayer la propagation des pelli-
cules, on les scalpe. Puis on leur frise le périoste de la calotte.[118]
Les gamins des faubourgs [119] adorent cette odeur calcinée. Ils sont,
durant l'opération, pendus par grappes aux fenêtres. On les éloigne
à l'insecticide. Mais comme les boutiques de coiffeuses sont aména-
gées sous le ballast des gares et que la partie supérieure de leur
tuyauterie calorifère sert de butoir à wagons,[120] les gamins ne vont
pas loin. Ils attendent la cliente suivante, perchés sur les gabarits.[121]
Et chaque fois c'est le même va-et-vient.[122] Les employés de chemins
de fer ont signé des pétitions. Peine perdue ! [123] Les épouses du
ministre responsable sont toutes clientes.

29 juillet.

Quand on inventorie ses allumettes,[124] on est frappé d'une
chose : leur petit nombre. Comment, ce lot dérisoire attribué à
chacun des nationaux est donc la seule source de lumière dans le
pays ? A en juger par celle qu'elles diffusent — jamais la clarté ne
fait défaut ni dans les agglomérations, ni dans les campagnes —
il doit y avoir sortilège là-dessous.[125]
    Ils affirment communément que Dieu a trop de plaisir. De là

---

[118] **Puis on leur frise le périoste de la calotte.**   Then the periosteum
(*membrane covering bones which permits regeneration*) of their brain-pan
is curled.

[119] **Les gamins** (*colloquial*) **des faubourgs**   The youngsters (*popular*)
from the suburbs

[120] **leur tuyauterie calorifère... wagons**   their heating pipes serve as
buffer-stops for wagons

[121] **gabarits**   carriage-gauge templet (*an arch under which loaded trains
are passed to assure that the size of their load does not exceed the opening
of tunnels and bridges*)

[122] **le même va-et-vient**   the same back-and-forth movement

[123] **Peine perdue !**   It's a waste of time (*or efforts*)!

[124] **Quand on inventorie ses allumettes**   When one takes inventory of
one's matches

[125] **il doit y avoir sortilège là-dessous**   there must be some sorcery involved in that

à se passer du grand jour en recourant à ce moyen de fortune, il n'y a qu'un pas.[126] Révolte en puissance ? [127] Rancœur mal déguisée ? Je ne fais que constater. Suspendue, la lumière naturelle. Des réceptacles polyédriques [128] la retiennent prisonnière, qui sont montés sur tiges d'acier. Ces pseudo-réverbères, d'une grande austérité d'architecture, caractérisent le paysage. Il n'en faut pas plus pour détourner de leur cours habituel les pensées d'un profane et l'imprégner de doute. La solution des allumettes, qui n'est qu'un pis-aller [129] même pour les nationaux — ils n'en disconviennent pas —, fournit néanmoins quelques occasions de certitude. Que de fois n'ai-je pas brûlé ma dernière brindille pour m'en persuader ! [130] Aussitôt consumée, d'autres me naissent entre les doigts, preuve irréfutable du mystère.

Qu'on me vienne dire après ça [131] qu'ils ne croient pas en Dieu ! Les pseudo-réverbères sont le symbole enfantin de la tentation.

30 juillet.

Les chansons rédhibitoires,[132] fredonnées le matin par les insatisfaits, tendent à leur faire recouvrer le désir ou réintégrer une position morale moins précaire. Ce bourdonnement matinal est éloquent de candeur. Mais attention aux métamorphoses rapides : elles sont dues au ferry-boat « noyou ».[133] Contrairement aux apparences —

[126] **De là à se passer... qu'un pas.**   From there to do without daylight by having recourse to this makeshift means, there is but a step.

[127] **Révolte en puissance ?**   Potential revolt?

[128] **Des réceptacles polyédriques**   Many-faced containers

[129] **un pis-aller**   a last resource

[130] **Que de fois... m'en persuader !**   How many times have I burned my last twig to convince myself of this!

[131] **Qu'on me vienne dire après ça**   Let no one tell me after that

[132] **chansons rédhibitoires**   redhibitory songs. *The juristic term redhibitory, which applies to the cancellation of a sale because of latent defects, suggests here a rather absurd notion of a song that cancels itself.*

[133] **« noyou »**   *A pun of which the author gives a nonsensical explanation further down.*

suavité du refrain —, le trémolo n'est pas de mise.[134] Mot d'ordre : [135] ne pas prononcer les verbes réfléchis dans les mélopées
qu'on fredonne. « Noyou », c'est le pronom réfléchi pléonastique
« nous nous à nous-même ».[136] Il a été stigmatisé par l'imagerie
populaire qui le représente sous forme d'un petit ferry-boat, réplique moderne de la barque de Charon.[137]

31 juillet.

Les genoux qui tremblent, on les immobilise sous caution.[138]
Le cautionnement se paie à la naissance des enfants. Il est perçu
par les bureaux d'état-civil. La terre de taupinière additionnée de
mollasse pulvérisée et d'eau s'est révélée excellente barbotine.[139]
Pourvu qu'il s'en trouve un dépôt non loin de l'endroit où tombe le
malade — intransportable —, les genoux de celui-ci sont immédiatement immobilisés. On les enrobe de barbotine et on laisse sécher.
Le patient demeure par terre, où qu'il soit,[140] jusqu'à décision de
l'enrobeur de service [141] au dépôt. Ce dernier fait lui-même la
déclaration de chute à l'état-civil. La caution est alors remboursée
aux parents ou, s'ils sont décédés, à la victime. Elle est perdue
dans le cas où le tremblement n'a pu être maîtrisé. C'est une assurance-barbotine.[142]

[134] **le trémolo n'est pas de mise**   the tremolo is out of place
[135] **Mot d'ordre**   Watchword (*i.e., the keynote of a policy*)
[136] **c'est le pronom... à nous-même**   it is the pleonastic reflexive pronoun
"we ourselves to ourselves" (*an impossible grammatical form*). *See note
133 above.*
[137] **la barque de Charon**   Charon's boat. *In Greek mythology, Charon
was the ferryman who conveyed souls of the dead across the river Styx
of the lower world.*
[138] **sous caution**   under bail
[139] **barbotine**   slip (*potter's clay*)
[140] **où qu'il soit**   wherever he might be
[141] **l'enrobeur de service**   *the person on duty who covers the leg of the
patient.* **Enrobeur** *is a neologism.*
[142] **une assurance-barbotine**   slip-insurance. *A play on words.*

1er septembre.

Les nains sont vendus aux enchères [143] quelques jours après leur première jaunisse. Ils sont très demandés [144] par les congrégations religieuses, où on les destine à la vocation de candélabres. A leur majorité, un office paraliturgique [145] célébré à leur intention leur attire soi-disant la grâce pétrifiante et les installe dans leur sacrée [146] charge. Un prêtre marron [147] les pose sur les autels pendant que le chœur mixte psalmodie le « Nanum neutrum Deo ».[148] Cérémonie poignante à condition que descende la grâce. J'en ai malheureusement vu de burlesques où les nains, pas du tout pétrifiés, hurlaient comme des veaux et devaient être ligotés au tabernacle. On n'entendait plus le cantique, les diacres et les sous-diacres transpiraient, les fidèles perdaient la foi.

5 septembre.

L'importance relative de leurs actes ne les préoccupe jamais. Quand on pense aux intentions dont certains d'entre nous bourrent ce qu'ils font ! [149] Eux n'ont pas cet amour-propre : ils vous opposent un geste, une phrase, une absence incontrôlés. Qu'ils

---

[143] **aux enchères**   by auction

[144] **Ils sont très demandés**   They are in great demand

[145] **un office paraliturgique**   a paraliturgical service. **Paraliturgique** *is a neologism which suggests a fake or pseudo-religious service.*

[146] *By its position before the noun the adjective* **sacrée** *suggests the profane meaning of cursed (damned) rather than sacred, even though the context of this passage suggests the latter meaning.*

[147] **Un prêtre marron**   An illicit priest. *A rare and ambiguous usage of the word* **marron.**

[148] **« Nanum neutrum Deo »**   To God the Neither Nor Dwarf. *A satirical and blasphemous invention of the author, as is this entire passage.*

[149] **Quand on pense... qu'ils font !**   When one considers how some of us rationalize what we do!

ne soient des créateurs [150] — au sens où cette fonction exige un regard permanent sur soi-même —, je le veux bien,[151] mais ce qui est grave, c'est que leur attitude fait douter du bien-fondé de l'œuvre d'art. « Tout de même,[152] me disais-je en leur compagnie, si là est la vérité, une seconde de plus d'entêtement dans mes recherches, et je suis un pitre, un menteur.» J'ai dû y réfléchir longtemps pour conclure à légitimer ma dissemblance. Incapable d'être un monsieur qui marche, qui fume, qui voit des amis, ma réaction naturelle est d'inventer dans la glaise ou sur la toile ou sur le papier une démarche, un goût de fumée, une visite où palpitent mes artères.

Je suis donc convaincu aujourd'hui qu'on ne cherche point, dans l'œuvre d'art, à faire surgir le beau ou le vrai. On n'y a recours — comme à un subterfuge — que pour continuer de respirer.[153]

6 septembre.

Une personne de taille moyenne,[154] a côté de moi, monta sur la bascule automatique. On est toujours intéressé par le poids des autres. Mine de rien,[155] je surveillai l'aiguille. Elle fit le tour du cadran, une fois, deux fois, trois fois... Qu'est-ce à dire ? [156] Une tonne, deux tonnes, trois tonnes ! Je n'y comprenais rien. La personne n'était pas émue. J'entendis alors, sortant de sa cage thora-

---

[150] **Qu'il ne soient des créateurs**   That they are not creators
[151] **je le veux bien**   I grant this
[152] **Tout de même**   All the same
[153] *This whole passage, even though ironical, describes, in Pinget's usual manner, his idea of the creative process and his purpose for writing. The act of writing or of telling a story is often the central subject of contemporary fiction.*
[154] **Une personne de taille moyenne**   A person of average height
[155] **Mine de rien** (*colloquial*)   As if nothing had happened
[156] **Qu'est-ce à dire ?**   What does this mean?

cique [157] : « Allo, ne quittez pas. Je vous branche sur Varsovie. Qui est à l'appareil. Actions 320–4, obligations..., etc. » [158]

Cette femme était une centrale téléphonique.[159]

8 *septembre.*

Les orages de grêle,[160] sans être journaliers, sont néanmoins si fréquents qu'ils ont influé sur les us et coutumes.[161] Singulièrement sur l'alimentation — avec cette réserve que la grêle n'est accommodée qu'à des fins précises.

Une fillette, un garçon, manifestent des tendances à l'emportement, à la violence : on cultive ce penchant — élevé à la dignité de vertu nationale — par suralimentation d'explosifs.[162] La grêle en est un qui présente l'avantage d'être à retardement.[163]

Sitôt l'orage apaisé, on voit partout des cuisinières, des nurses, des mamans se précipiter dehors et remplir des baquets de grêlons.

Elles en confectionnent des poudings (par adjonction de bicarbonate et autres ingrédients) que l'enfant dévore. Il doit y avoir là un phénomène d'idiosyncrasie, un besoin inhérent à ces tempéraments colériques, car jamais je n'ouïs dire [164] que les enfants fissent

---

[157] **cage thoracique**   the chest

[158] **« Allo, ne quittez pas... etc.»**   Hello, hold the line. I am connecting you with Warsaw. Who is speaking. Actions 320–4 (*a fictitious telephone number*), obligations . . . , etc. *This is a parody of a telephone operator's language.*

[159] **centrale téléphonique**   telephone exchange

[160] **Les orages de grêle**   Hailstorms

[161] **les us et coutumes**   ways and customs

[162] **suralimentation d'explosifs**   overfeeding of explosives

[163] **à retardement**   delay action

[164] **jamais je n'ouïs dire**   never have I heard it say. *The verb* **ouïr** *is used in modern French only for archaic effect.*

des difficultés pour prendre leur fortifiant. Où sont les drames de l'huile de foie de morue ! [165]

Pendant trois ou quatre ans on continue ce traitement. L'enfant grandit « en âge et en colère ». Il devient insupportable mais on lui doit les plus grands ménagements. A la puberté, il entre en transes : faire sauter une porte cochère, un mur mitoyen, une canalisation lui sont un jeu.[166]

Sa virulence décroît jusqu'à la trentième année. Mais la diastase [167] opère en profondeur. Il n'est pas rare alors qu'un orage lui éclate subitement dans l'intestin grêle [168] et ne le réduise en miettes.

[165] **Où sont les drames... de morus !** Where are the dramas of cod-liver oil! *An allusion to family scenes when mothers insist on having their children take cod-liver oil as a tonic, which used to be a common practice in France. Note how the structure of the sentence is reminiscent of the famous line of poetry by François Villon,* « **Où sont les neiges d'antan ?** » *("Where are the snows of bygone years?")*

[166] **lui sont un jeu**   are but a game (*child's play*) for him

[167] **diastase**   *also known as enzyme; any of various complex organic substances originating from living cells and capable of producing by catalytic action certain chemical changes in organic substances. In view of the allusion to the storm that may burst suddenly inside the child's intestine, it is obvious that the author is using the term diastase in a very suggestive and ironic manner.*

[168] **l'intestin grêle**   the small intestine. *Note the double meaning of* **grêle** *(hail and slender).*

questions

1. Quels détails peut-on relever dans ce texte qui montrent que le narrateur n'appartient pas au monde qu'il décrit?

2. Faites une liste de tout ce qui vous semble être absurde dans ce récit.
3. Quels sont les éléments de la narration qui donnent une unité à ce texte?
4. Dans quelle mesure est-il possible de parler de réalisme dans cette histoire?
5. Pourquoi l'auteur a-t-il choisi la forme du journal pour raconter cette histoire?

Alain Robbe-Grillet

né 1922

Né à Brest, le 18 août 1922, Alain Robbe-Grillet fait ses études secondaires et supérieures à Paris. Devenu ingénieur agronome, il exerce d'abord à l'Institut National de la Statistique, puis dans un Institut de Recherche sur les fruits tropicaux. Il fait ensuite des séjours plus ou moins prolongés au Maroc, en Guinée, à la Martinique, et à la Guadeloupe. C'est sur ce fond d'études et de travaux scientifiques, et aussi sur ce fond de voyages dans des pays exotiques, qu'il faut comprendre la fiction de Robbe-Grillet, que ce soit celle qu'il crée dans ses romans, ses films, ou ses nouvelles.

Son premier roman, *Les Gommes,* publié en 1953, ne lui attire qu'un succès d'estime. Avec la publication du roman *Le Voyeur* en 1955, et pour lequel il reçoit le Prix des Critiques, Robbe-Grillet se voit placé d'emblée au centre des activités littéraires des années cinquante, et très rapidement on lui attribue le titre de « nouveau romancier ». Sa manière minutieuse de décrire les objets et les lieux, et surtout sa manière obsédante d'insister sur l'aspect visuel de la réalité poussent les critiques à prétendre qu'il est avant tout « un écrivain objectif » qui ne fait qu'élaborer les vieilles techniques du roman réaliste, genre balzacien. C'est en partie pour répondre à la critique, mais aussi pour justifier ses recherches et sa vision du monde, que Robbe-Grillet écrit une série d'essais théoriques sur le roman, essais réunis dans un volume intitulé *Pour un nouveau roman* (1963).

Ce qui ressort avant tout des énoncés théoriques de Robbe-Grillet, c'est que pour lui : « Le monde n'est ni signifiant ni absurde. Il *est,* tout simplement. » C'est-à-dire que, et Robbe-Grillet insiste à ce sujet, « autour de nous, défiant la meute de nos adjectifs animistes ou ménagers, les choses *sont là*.» Ainsi, dans la construction romanesque telle qu'il la conçoit, les gestes et les objets sont là avant de devenir quelque chose. A la place d'un univers de significations psychologiques, sociales et fonctionnelles, qui sont au centre de la fiction traditionnelle, Robbe-Grillet construit un monde hors valeurs, plus solide, plus immédiat, et dans lequel il maintient une objectivité froide et parfois ironique.

Si la lecture d'un roman ou d'un texte de Robbe-Grillet déroute, c'est parce que sa méthode d'expression échappe aux données du discours romanesque traditionnel. Le manque d'intrigue, l'attitude détachée des personnages, l'ambiguité de l'action, et surtout la manipulation du temps et de l'espace de la fiction (temps qui n'est plus linéaire, espace qui est décrit simultanément de plusieurs perspectives) offrent une vision du monde originale.

Ce qui joue un rôle important dans cette vision du monde, c'est le regard : « l'homme regarde le monde, nous dit Robbe-Grillet, et le monde ne lui rend pas son regard. L'homme voit les choses et il s'aperçoit maintenant qu'il peut échapper au pacte métaphysique.» Ainsi, à travers les modalités du regard, Robbe-Grillet cherche donc à exprimer le monde, mais en évitant d'introduire dans la narration des réactions émotionnelles, psychologiques ou métaphysiques. La minutie des descriptions ne permet pas au regard de pénétrer les objets. Il les détaille simplement, et révèle tout le visible. En somme, la fiction de Robbe-Grillet semble reproduire ce que verrait l'objectif d'une caméra, d'une caméra qui ne peut pas porter jugement sur l'objet qu'elle regarde ni lui transmettre des significations.

« Le Chemin du retour » est extrait d'un petit volume intitulé *Instantanés* (1962) qui réunit des textes dont on peut dire que l'unité essentielle est le visuel. Le premier de ces textes, qui a pour titre « Le Mannequin », indique le ton et le mode d'expression de ce volume. La narration commence par cette phrase extrêmement simple : « La cafetière est sur la table » — deux objets qui sont là et qui sont vus. Le titre même du volume est significatif. Dans le domaine de la photographie, un instantané est une image obtenue par un appareil photographique (*a snapshot*); mais c'est aussi le temps de pose correspondant à une fraction de seconde. C'est dans ce double sens spatial et temporel que Robbe-Grillet emploie ce terme, et c'est aussi dans ce double sens qu'il faut lire et comprendre ces textes.

« Le Chemin du retour » est basé sur une double image, une double perspective : celle de l'aller et celle du retour. Mais ce qui rend la lecture intéressante, c'est que les deux perspectives se rejoignent pour être saisies simultanément comme si le narrateur (ou le lecteur) se trouvait en deux endroits en même temps. Il faut donc se situer visuellement et intellectuellement par rapport à cette double vision, qu'on pourrait appeler cubiste, et alors il est possible de donner non seulement un sens à cette nouvelle, mais aussi d'y découvrir un mouvement dramatique bien que l'ensemble de la scène semble statique comme le serait une image photographique.

romans et nouvelles de Robbe-Grillet

NOTE: Toutes les œuvres de Robbe-Grillet sont publiées à Paris par les Editions de Minuit.

Les Gommes, roman (1953)
Le Voyeur, roman (1955)
La Jalousie, roman (1957)
L'Année dernière à Marienbad, ciné-roman (1961)
Dans le labyrinthe, roman (1962)
Instantanés, textes et nouvelles (1962)
L'Immortelle, ciné-roman (1963)
La Maison de rendez-vous, roman (1965)

ouvrages à consulter

Alter, Jean, *La Vision du monde d'Alain Robbe-Grillet* (Genève, Librairie Droz, 1966)

Bernal, Olga, *Alain Robbe-Grillet: le roman de l'absence* (Paris, Gallimard, 1964)

Miesch, Jean, *Robbe-Grillet* (Paris, Editions Universitaires, 1965)

Morrissette, Bruce, *Les Romans de Robbe-Grillet* (Paris, Editions de Minuit, 1963)

Stoltzfus, Ben F., *Alain Robbe-Grillet and the French New Novel* (Carbondale, Southern Illinois University Press, 1964)

Le Chemin du retour

Une fois franchie la ligne de rochers qui jusque-là nous barrait la vue, nous avons aperçu de nouveau la terre ferme,[1] la colline au bois de pins, les deux maisonnettes blanches et le bout de route en pente douce [2] par où nous étions arrivés. Nous avions fait le tour de l'île.

Cependant, si nous reconnaissions sans peine le paysage du côté de la terre, il n'en allait pas de même pour l'étroit bras de mer [3] qui nous séparait d'elle, ni surtout pour la rive où nous nous trouvions. Aussi nous fallut-il plusieurs minutes pour comprendre avec certitude que le passage était coupé.

Nous aurions dû le voir du premier coup d'œil. La route, creusée à flanc de coteau,[4] descendait parallèlement au rivage et, au niveau de la grève, se raccordait par un coude brusque vers la droite avec une sorte de digue en pierre, assez large pour une voiture, qui permettait à marée basse de franchir à pied sec [5] le détroit. Au coude,[6] il y avait un haut talus soutenu par un muretin, où venait buter la route ; vu de l'endroit que nous occupions maintenant, il

---

[1] **terre ferme**   mainland
[2] **en pente douce**   in a gentle slope
[3] **bras de mer**   sound, arm of the sea
[4] **creusée à flanc de coteau**   cut along the hillside
[5] **à pied sec**   dry-shod, on dry land
[6] **Au coude**   At the bend (*of the road*)

93

dissimulait aux regards [7] l'amorce de la digue.[8] Le reste de celle-ci était recouvert par l'eau. C'est seulement le changement de point de vue qui nous avait un instant déconcertés : nous étions cette fois dans l'île et par surcroît [9] nous arrivions dans le sens opposé, marchant en direction du nord alors que le bout de route se trouve orienté vers le sud.

Du sommet de la côte, juste après le tournant que marquent trois ou quatre pins détachés du petit bois, on a devant soi la route qui descend jusqu'à la digue, avec le bras de mer à main droite [10] et l'île, qui n'est pas encore tout à fait une île. L'eau, calme comme celle d'un étang, arrive presque en haut de la chaussée de pierre,[11] dont la surface brune et lisse présente le même aspect usé que les roches avoisinantes.[12] De fines algues moussues,[13] à demi décolorées par le soleil, la tachent de plaques verdâtres — preuve d'immersions fréquentes et prolongées. A l'autre bout de la digue, comme de ce côté-ci, la chaussée se relève insensiblement pour rejoindre le chemin de terre qui traverse l'îlot ; mais, sur cette rive, la route est ensuite toute plate et forme avec la digue un angle très ouvert. Bien qu'il n'y ait pas de talus pour en justifier la présence, un muretin — symétrique de celui-ci — protège encore le côté gauche du passage, depuis le début de la remontée jusqu'à la limite supérieure de la grève — là où les galets inégaux cèdent la place [14] aux broussailles. La végétation de l'île semble encore plus desséchée que celle, déjà poussiéreuse et jaunie, qui nous entoure.

Nous descendons la route à flanc de coteau, en direction de la digue. Deux maisonnettes de pêcheurs la bordent sur la gauche ; les façades en sont crépies à neuf et fraîchement blanchies à la

---

[7] **il dissimulait aux regards**   it was hiding from view
[8] **l'amorce de la digue**   the beginning of the dike
[9] **par surcroît**   besides, in addition
[10] **à main droite**   to the right
[11] **chaussée de pierre**   stone embankment
[12] **roches avoisinantes**   adjacent boulders
[13] **algues moussues**   mossy seaweeds
[14] **cèdent la place**   give way

chaux ; [15] seules demeurent apparentes les pierres de taille [16] qui encadrent les ouvertures — une porte basse et une petite fenêtre carrée. Fenêtres et portes sont closes, les vitres masquées par des volets de bois pleins, peints d'un bleu éclatant.

Plus bas le bord du chemin, taillé dans le sol de la colline, laisse voir une paroi verticale d'argile jaune, de la hauteur d'un homme, interrompue de place en place [17] par des bandes schisteuses aux cassures hérissées d'arêtes vives ; [18] une haie irrégulière de ronce et d'aubépine couronne l'ensemble, coupant la vue [19] vers la lande et le bois de pins. Sur notre droite, au contraire, la route n'est bordée que par un étroit talus, haut comme une ou deux marches à peine, [20] si bien que le regard y plonge [21] directement sur les rochers de la plage, l'eau immobile du détroit, la digue de pierre et la petite île.

L'eau arrive presque au niveau de la chaussée. Il nous faudra faire vite. En quelques enjambées nous achevons la descente.

La digue fait un angle droit avec la route ; celle-ci se trouve ainsi buter à son extrémité contre un pan de terre [22] jaune, triangulaire, marquant la fin de l'entaille ouverte au flanc de la colline ; la base en est protégée par un muretin qui se prolonge vers la droite nettement au-delà de la pointe du triangle, le long de la chaussée de pierre, où il forme comme un début de parapet. Mais il s'interrompt au bout de quelques mètres, en même temps que la pente s'atténue [23] pour rejoindre la partie médiane de la digue — horizontale et polie par la mer.

Arrivés là, nous hésitons à poursuivre. Nous regardons l'île,

[15] **crépies... à la chaux**   newly grained and freshly whitewashed
[16] **pierres de taille**   freestones
[17] **de place en place**   here and there; from spot to spot
[18] **bandes schisteuses... d'arêtes vives**   schistous layers with spiked sharp-edged cracks
[19] **coupant la vue**   obstructing the view
[20] **haut comme... à peine**   not even as high as one or two steps
[21] **le regard y plonge**   the eyes look down (*one looks down directly*)
[22] **pan de terre**   piece of land
[23] **la pente s'atténue**   the incline lessens

devant nous, essayant d'estimer le temps qu'il nous faudra pour en faire le tour.[24] Il y a bien le chemin de terre [25] qui la traverse, mais de cette façon-là ça n'en vaut pas la peine.[26] Nous regardons l'île devant nous et, à nos pieds, les pierres du passage, brunes et lisses, recouvertes par endroit d'algues verdâtres à demi desséchées. L'eau arrive presque à leur niveau. Elle est calme comme celle d'un étang. On ne la voit pas monter ; on en a cependant l'impression à cause des lignes de poussières qui se déplacent lentement à sa surface, entre les touffes de varech.[27]

— Nous ne pourrons plus revenir, dit Franz.[28]

L'île, contemplée de près et du ras de l'eau,[29] semble beaucoup plus élevée que tout à l'heure — beaucoup plus vaste aussi. Nous regardons à nouveau les petites lignes grises qui avancent avec une lenteur régulière et s'enroulent en volutes entre les affleurements des goémons. Legrand dit :

— Elle ne monte pas si vite.

— Alors, dépêchons-nous.

Nous partons d'un bon pas.[30] Mais aussitôt le détroit franchi, nous quittons la chaussée pour descendre à droite sur la plage qui borde l'îlot et continuer en longeant la mer ; [31] là un sol inégal, semé de rochers et de trous, rend la marche plus difficile — et moins rapide que nous ne l'avions escompté.[32]

Une fois engagés dans cette voie, nous ne voulons plus rebrousser chemin.[33] Pourtant les rochers se font plus nombreux et plus

---

[24] **faire le tour**   to walk around (*all around the island*)
[25] **chemin de terre**   dirt road
[26] **ça n'en vaut pas la peine**   it's not worth it
[27] **touffes de varech**   clumps of wrack (*seaweed or other marine vegetation cast ashore*)
[28] *This is the first time that a character's name is mentioned, and the first time that a character speaks directly. Notice also that Franz is not the narrator of this story, and that throughout the story he repeats the same sentence.*
[29] **du ras de l'eau**   from the waterline
[30] **d'un bon pas**   in a fast pace
[31] **en longeant la mer**   alongside the sea
[32] **escompté**   anticipated
[33] **rebrousser chemin**   to turn back, retrace one's steps

importants à mesure que nous progressons. Nous devons, à plusieurs reprises,[34] gravir de véritables barres, qui pénètrent loin dans la mer et ne peuvent donc être contournées. Ailleurs il nous faut traverser des zones relativement planes, mais où les pierres sont couvertes d'algues glissantes, qui nous font perdre encore plus de temps. Franz répète que nous n'allons plus pouvoir repasser l'eau. En réalité il est impossible de se rendre compte de la vitesse à laquelle elle monte, puisque nous n'avons pas le temps de nous arrêter pour contrôler. Elle est peut-être étale.[35]

Il est difficile également de savoir quelle fraction du circuit nous avons déjà parcourue, car des pointes de terre [36] se dressent toujours devant nos yeux et une échancrure succède à l'autre sans nous fournir le moindre repère. D'ailleurs le souci de ne pas perdre une minute dans un terrain si malaisé accapare toute l'attention — et le paysage disparaît, laissant la place à quelques fragments agressifs : un trou d'eau [37] à éviter, une série de pierres branlantes,[38] un amas de varech dissimulant on ne sait quoi,[39] une roche à escalader, un autre trou bordé d'algues visqueuses, du sable couleur de vase qui s'enfonce profondément sous les pieds — comme pour les retenir.

Enfin après une dernière ligne de rochers, qui depuis longtemps nous barrait la vue, nous avons aperçu de nouveau la terre ferme, la colline au bois de pins, les deux maisonnettes blanches et le bout de route en pente douce par où nous étions arrivés.

Nous n'avons pas compris tout de suite [40] où se trouvait la digue. Nous n'avions plus, entre la côte et nous, qu'un bras de mer où l'eau s'écoulait avec violence, vers notre droite, créant en plusieurs points des rapides et des remous. Le rivage de l'île lui-même paraissait changé : c'était à présent une grève noirâtre, dont la

---

[34] **à plusieurs reprises**   on several occasions, again and again
[35] **Elle est peut-être étale.**   It (*the water*) is perhaps slack.
[36] **pointes de terre**   capes
[37] **trou d'eau**   water hole
[38] **pierres branlantes**   loose boulders, rocking stones
[39] **on ne sait quoi**   one knows not what
[40] **tout de suite**   immediately

surface sensiblement horizontale luisait d'innombrables flaques, profondes au plus de quelques centimètres.[41] Contre une courte jetée de bois [42] une barque était amarrée.

Le sentier qui débouchait à cet endroit sur la plage ne ressemblait pas au chemin de terre dont nous gardions le souvenir.[43] Nous n'avions remarqué, auparavant, la présence d'aucune barque. Quant à la jetée servant d'embarcadère, elle ne pouvait rien avoir de commun avec la digue que nous avions empruntée à l'aller.[44]

Il nous a fallu plusieurs minutes pour découvrir, à trente mètres en avant,[45] les deux muretins qui constituaient aux extrémités du passage une amorce de parapet. La chaussée entre eux avait disparu. L'eau s'y précipitait en tumulte laiteux.[46] Les bouts relevés de la digue émergeaient certainement, mais les deux petits murs suffisaient à les masquer. On ne voyait pas non plus le bas de la route qui tournait à angle droit, derrière le talus, pour se raccorder aux pierres de la chaussée. Une fois de plus nous regardons à nos pieds les lignes de poussière grise qui avancent avec une lenteur régulière et s'enroulent en volutes entre les affleurements des goémons.

Mis à part ce mouvement quasi imperceptible [47] à sa surface, l'eau est calme comme celle d'un étang. Mais déjà elle arrive presque au niveau de la digue, alors que de l'autre côté il s'en faut encore d'au moins trente centimètres.[48] La mer monte en effet beaucoup plus vite dans le cul-de-sac le plus rapproché de l'entrée du golfe. Quand l'obstacle que lui oppose la digue est surmonté, la brusque dénivellation doit produire un courant qui rend aussitôt le passage impossible.

---

[41] **profondes... centimètres**   a few centimeters deep at the most

[42] **une courte jetée de bois**   a short wooden pier

[43] **dont nous gardions le souvenir**   which we remembered

[44] **que nous avions empruntée à l'aller**   which we took to come

[45] **en avant**   further on

[46] **tumulte laiteux**   milky turmoil (*i.e., foamy water*)

[47] **Mis à part... imperceptible**   Aside from this almost imperceptible movement

[48] **il s'en faut... trente centimètres**   it (*the water*) is still at least thirty centimeters

— Nous ne pourrons plus revenir, dit Franz.

C'est Franz qui a parlé le premier.

— J'avais bien dit que nous ne pourrions plus revenir.

Personne ne lui a répondu. Nous avons dépassé la petite jetée ; l'inutilité de sauter le muretin pour tenter la traversée sur la digue était évidente — non que la profondeur y fût déjà si grande, mais la puissance du flot nous aurait fait perdre l'équilibre et entraînés à l'instant hors du gué. De près,[49] on voyait nettement la dénivellation ; au-dessus, l'eau était tout à fait lisse et en apparence immobile ; puis elle s'incurvait brusquement d'une rive à l'autre en une barre cylindrique, à peine ondulée par endroit, dont l'écoulement était si régulier qu'il donnait encore en dépit de [50] sa vitesse l'impression du repos — d'un arrêt fragile dans le mouvement, comme les instantanés [51] permettent d'en admirer : un caillou qui va crever la tranquillité d'une mare, mais que la photographie a figé dans sa chute à quelques centimètres de la surface.

Ensuite seulement commençait une série de ressauts, de trous et de tourbillons dont la couleur blanchâtre indiquait assez le désordre. Pourtant, là aussi, c'était dans une certaine mesure un désordre fixe, où les crêtes et les chaos occupaient sans cesse la même place et conservaient la même forme, si bien qu'on pouvait les croire immobilisés par le gel. Toute cette violence n'avait pas en somme un visage tellement différent de celui — guère plus sournois [52] — des petites lignes grises entre les touffes de varech, que notre conversation coupée de silences tente d'exorciser :

— Nous ne pourrons plus revenir.

— Elle ne monte pas si vite.

— Alors dépêchons-nous.

[49] **De près**   From close to

[50] **en dépit de**   in spite of

[51] **instantanés**   snapshots. *By comparing the quasi immobility of the scene to that of snapshots, the author reveals the importance of the visuel in this text. It should be remembered that this story is part of a volume entitled* **Instantanés**.

[52] **guère plus sournois**   hardly more cunning

— Qu'est-ce que vous croyez découvrir de l'autre côté ?

— Faisons le tour sans nous arrêter, ça ne sera pas long.[53]

— Nous ne pourrons plus revenir.

— Elle ne monte pas si vite ; nous avons le temps de faire le tour.

En nous retournant nous avons aperçu l'homme, debout près de la barque sur la petite jetée. Il regardait dans notre direction — presque, du moins, car il avait plutôt l'air d'observer une chose située un peu sur notre gauche, au milieu de l'écume.

Nous sommes revenus vers lui et, avant que nous ne lui ayons adressé la parole,[54] il a dit :

— Vous voulez traverser.

Ce n'était pas une question ; sans attendre de réponse il est descendu dans le canot. Nous nous sommes installés aussi, comme nous avons pu.[55] Il y avait juste assez de place pour nous trois et l'homme, qui ramait à l'avant. Celui-ci aurait dû nous faire face,[56] mais il avait préféré s'asseoir dans le même sens que nous, vers la proue,[57] ce qui l'obligeait à ramer à l'envers,[58] dans une position assez malcommode.

A cette distance de la digue les remous étaient encore sensibles. Pour lutter contre le courant l'homme devait donner à ses efforts — et à son embarcation — une orientation très oblique par rapport à sa marche. Malgré ses vigoureux coups de rame, nous n'avancions d'ailleurs qu'à une allure dérisoire. Même, au bout d'un certain temps, il nous a semblé que toute sa force ne réussissait plus qu'à nous maintenir immobiles.

Legrand a prononcé une petite phrase polie sur le dur travail que notre imprudence imposait à ce malheureux ; il n'a pas obtenu de réponse. Pensant que peut-être l'homme n'avait pas entendu, Franz s'est penché en avant pour demander si nous n'avions vrai-

---

[53] **ça ne sera pas long**   it won't take long
[54] **avant que... adressé la parole**   before we spoke to him
[55] **comme nous avons pu**   as best we could
[56] **Celui-ci... face**   He (*the man rowing the boat*) ought to have faced us
[57] **vers la proue**   toward the bow
[58] **ramer à l'envers**   to row backwards

ment aucune chance de passer à pied [59] le détroit. Ce fut sans plus de résultat.[60] Le marin devait être sourd. Il continuait de ramer avec la régularité d'une machine, sans heurt et sans changer sa route d'un degré, comme s'il voulait atteindre, non pas le débarcadère de bois qui faisait pendant [61] sur la plage d'en face à celui d'où nous étions partis, mais une région tumultueuse plus au nord, vers le point de départ de la digue, à l'endroit où un groupe de rochers terminait le talus broussailleux derrière lequel se trouvait le bout de route en pente douce et ses deux maisonnettes blanches, le brusque tournant à l'abri du muretin,[62] la chaussée de pierre tachée de plaques moussues, l'eau tranquille comme celle d'un étang, avec ses touffes de goémons qui affleurent par place et ses lignes de poussière grise, qui s'enroulent imperceptiblement en spirales.

[59] **passer à pied**   to cross on foot. *Franz asks if there was any chance to cross the sound on foot.*

[60] **Ce fut sans plus de résultat.**   It was without any result.

[61] **faisait pendant**   made a pair with (*the pier on the beach*)

[62] **le brusque tournant à l'abri du muretin**   the sharp curve screened by the little wall

questions

1. Malgré le manque de caractérisation des personnages, peut-on dire qu'il y a une action dramatique dans cette histoire?
2. D'après les détails de la narration, faites une description de la scène telle qu'elle apparaît au narrateur.
3. Combien d'angles de vision y-a-t-il dans la narration?
4. Dans quelle mesure peut-on dire que ce texte est objectif?
5. Relevez les différents mots et expressions employés par l'auteur pour exprimer la même chose.

J.M.G. Le Clézio

né 1940

En 1963, quand il publie son premier roman, *Le Procès-verbal*, J.M.G. Le Clézio n'a que 23 ans, mais c'est pour lui le succès immédiat. Ce livre qu'il avait écrit, explique-t-il, « d'abord comme une nouvelle, mais qui a pris de l'ampleur », et qu'il envoie par la poste aux Editions Gallimard, est immédiatement accepté. Le Clézio se voit alors décerné le Prix Renaudot pour l'année 1963, et, du jour au lendemain, ce jeune inconnu reçoit toute l'attention des milieux littéraires de Paris. Depuis lors, chacun de ses livres est attendu avec l'espoir qu'il ne décevra pas ses lecteurs. C'est en partie de ce succès précoce que découle l'angoisse de Le Clézio, car, comme il l'a dit lui-même dans une interview, « ce qui est gênant, c'est d'être jeune. Etre jeune, c'est un peu répugnant. Les gens attendent de vous qu'on fasse des choses. »

Né le 13 avril 1940 à Nice, au bord de l'eau qui est une des images centrales de son œuvre, fils d'un médecin anglais et d'une mère française, Le Clézio fait des études de lettres et de philosophie dans sa ville natale. Licencié ès lettres, il prépare ensuite un diplôme d'études supérieures sur Henri Michaux. Il part alors pour l'Angleterre où il enseigne à l'Université de Bristol et de Londres. En 1967, il fait son service militaire comme instituteur en Thaïlande. Depuis la parution de son premier roman, il a publié quatre autres livres. Ceci résume la vie et les expériences de ce jeune écrivain dont la réputation ne fait que croître, et qui montre dans ses œuvres une pensée sérieuse, un esprit angoissé, mais aussi une très grande sagesse. Le Clézio parle pour toute une génération de jeunes gens qui, comme la plupart des personnages de ses romans et nouvelles, viennent de terminer leurs études et qui se retrouvent désœuvrés aux frontières de la maturité et de la vie, la mémoire encore pleine des souvenirs de l'enfance et de l'école.

L'attitude angoissée de Le Clézio envers la vie se résume dans une phrase de la préface de son deuxième livre, *La Fièvre,* où il nous dit : « Si vous voulez vraiment le savoir, j'aurais préféré ne jamais être né. La vie, je trouve ça bien fatigant.» Mais, comme il l'admet lui-même, «à présent la chose est faite, et je ne peux rien y changer.» C'est sur ce fond d'incertitude, de résignation, et de malaise existentiel qu'il faut comprendre la création littéraire de Le Clézio. Que ce soit dans ses romans ou dans ses nouvelles, il crée un type de personnage qui refuse l'existence telle qu'elle est, mais qui pourtant ne peut pas vivre comme il le voudrait, c'est-à-dire dans la liberté totale. Cet être asocial circule, voyage, erre dans le monde, dans la nature, dans les villes surtout pour aboutir le plus souvent à un échec, ou à une sorte de suicide imaginaire — une disparition hors de lui-même. C'est là précisément la situation du protagoniste de la nouvelle « Il me semble que le bateau se dirige vers l'île », un des neuf textes qui composent le volume *La Fièvre.*

Descendant de Meursault (l'étranger de Camus) et d'Antoine Roquentin (dans *La Nausée* de Sartre), comme pour eux rien ne semble compter pour ce jeune homme, sauf peut-être quelques souvenirs incertains de son enfance. Un jour, ce jeune homme (dans ce cas anonyme, mais qui dans les autres histoires de Le Clézio s'appelle Adam, Besson, Martin, Beaumont) descend dans la rue et se dirige, à travers une ville qui lui est familière mais qui en même temps le répugne, vers un surprenant moment de calme au bord d'une rivière où, tout à coup, il se retrouve absent de lui-même. Tous les personnages de Le Clézio se dirigent, par des voyages ou des promenades, vers un moment de bonheur et de calme, un soir, au bord de l'eau, sur une plage ou sur le quai d'un fleuve. Mais ce moment de bonheur et de calme ne signifie pas que le problème de l'existence et du monde soit résolu ; cela veut plutôt dire que l'homme est d'autant plus sensible aux grands moments de paix dans la nature qu'il est sensible aux grands moments de guerre de la ville. En effet, la ville, cette monstruosité dans laquelle l'homme s'est enfermé, joue un rôle important dans l'œuvre de Le Clézio.

C'est elle qui cause la fièvre, la douleur, la fatigue, le sommeil ou l'insomnie qui sont, d'aprés Le Clézio, « des passions aussi fortes et aussi désespérantes que l'amour, la torture, la haine ou la mort.»

C'est parce que nous vivons dans un monde bien fragile et où les grands sentiments ne comptent presque plus qu'il faut faire attention où nous posons notre regard. Il faut, comme le dit Le Clézio, « se méfier de tout ce que nous entendons, de tout ce qui nous touche.» Ainsi, ce qui compte pour lui, ce qui l'obsède ce sont les choses, les objets (mécaniques surtout) qui comme des monstres nous entourent et dont l'existence semble exclure la nôtre. Les choses nous imposent l'évidence de leur présence, et ce cercle choses-que qui nous enferme seul pourra le briser le cercle de l'écriture, car écrire les contradictions du monde c'est un moyen de les annuler. Ecrivain spontané et détaché, Le Clézio fait donc « le procès-verbal » de la réalité. Mais si les écrivains réalistes traditionnels ne doutent ni de la réalité qu'ils décrivent, ni des moyens qu'ils emploient pour la décrire, Le Clézio, réaliste problématique, s'il est persuadé que la réalité existe, ne croit pas pour autant qu'elle soit une image complaisante et immobile. Par conséquent, même si les histoires qu'il nous raconte sont des fictions, elles ne semblent pas avoir été inventées. Leur matière est puisée dans une expérience familière et réelle. Mais, nous dit Le Clézio, puisque « la poésie, les romans, les nouvelles sont de singulières antiquités qui ne trompent plus personne, ou presque,» il ne reste alors que l'écriture « qui tâtonne avec ses mots, qui cherche et décrit, avec minutie, avec profondeur, qui s'agrippe, qui travaille la réalité sans complaisance.»

Ce que Le Clézio cherche à faire dans ses livres, c'est appréhender la réalité, c'est créer avec les mots un système qui lui permettra de libérer l'homme de l'angoisse matérielle. Ce système, il a essayé de le décrire dans un livre d'essais intitulé *L'Extase matérielle*. Il dénonce ici, sous ses multiples formes, cette tendance proprement humaine qui pousse la pensée à s'enfermer dans les concepts, le langage dans les mots, l'individu dans la société et l'intellectuel dans la culture. Ecrire, pour Le Clézio, devient donc un effort de retrouver, par les mots et les images, un monde libre au-delà des concepts. L'écriture telle qu'il la conçoit et telle qu'il la pratique est un acte, un accomplissement qui permet de donner vie à ce qui menace la vie. Ainsi, Le Clézio s'aventure dans le monde, recherche

« l'extase matérielle », se plonge dans le pathos et la cacophonie des choses parce que, comme il le dit si bien : « Je ne veux plus être l'homme seul au centre du monde : l'homme abominable pour qui tout fut fait, et par qui tout se fait.» Son système est donc moins une condamnation de la vie et du réel qu'une constatation qui démontre la nécessité d'être plutôt que la difficulté d'être.

romans et nouvelles de Le Clézio

NOTE: Toutes les œuvres de Le Clézio sont publiées à Paris par les Editions Gallimard dans la « Collection Le Chemin ».

Le Procès-verbal, roman (1963)
La Fièvre, nouvelles (1965)
Le Déluge, roman (1966)
L'Extase matérielle, essai (1967)
Terra Amata, roman (1967)

ouvrages à consulter

Bersani, Jacques, « Le Clézio sismographe, » *Critique,* XXII, 238 (Mars 1967), 311–321

Bersani, Jacques, « Sagesse de Le Clézio, » *La Nouvelle Revue Française,* XV, 175 (Juillet 1967), 110–115

Bloch-Michel, Jean, "How Nothing Happens," *Thought,* XVI, 2 (January 1964), 16–17

Borderie, Roger, «Une fourmilière de mots,» *La Quinzaine Littéraire,* no. 30 (15–31 Juin, 1967), 18–19

Kyria, Pierre, «Dans le secret des créateurs,» *La Revue de Paris,* LXXIV, 9 (Septembre 1967), 122–127

Nadeau, Maurice, «Avez-vous lu Le Clézio?» *L'Express,* 26 Septembre, 1963, pp. 35–36

Il me semble que le bateau se dirige vers l'île

L'autre jour, j'avais froid chez moi, et je suis descendu dans la rue pour marcher un peu. Je n'aime pas tellement marcher pour marcher,[1] non ; je dois même dire que je trouve ça un petit peu ridicule, la position verticale. Je ne sais pas balancer mes bras normalement le long de mon corps, en inversant le mouvement des jambes. Mais puisqu'il faut le faire, je le fais quand même, le mieux possible, et j'essaie de ressembler de toutes mes forces à une espèce de grand oiseau équatorial qui sortirait d'un lac, toutes les plumes collées à la peau, traçant pour le futur des empreintes de pattes fossilisées. Voilà comment je marche.

La rue où j'habite donne sur[2] un quartier populaire, et c'est vers là-bas que je suis allé tout naturellement, sans motif apparent. Je n'y suis pas allé tout de suite, pourtant, parce que je ne veux pas me trouver trop brusquement dans un lieu qui me plaît, sans être préparé. Mon rêve serait[3] d'habiter les faubourgs de la ville, les collines pleines de jardins et d'escaliers. Comme ça j'aurais quelques kilomètres à faire, à pied,[4] avant d'arriver au centre de la ville, et j'aurais eu le temps de m'adapter, tout le long du chemin. Au début, je ne rencontrerais personne, et il n'y aurait presque pas de maisons. Seulement des champs velus, des vieux murs

---

[1] **marcher pour marcher**   to walk for the sake of walking
[2] **donne sur**   leads to
[3] *Note the shift to the conditional tense in what follows.*
[4] **à pied**   on foot

pourris, et des tas d'ordures [5] de loin en loin, au bord des talus. Je verrais tout ça, je sentirais toutes les odeurs, pas encore mélangées. Au besoin,[6] je m'arrêterais de temps à autre sur la route, et je donnerais des coups de pied dans les vieilles boîtes de conserves. Puis je passerais le long d'un cimetière abandonné, et je croiserais au hasard une ou deux vieilles femmes en noir, peut-être même un facteur. Et je continuerais à descendre la colline. Je prendrais des raccourcis à travers champs, je passerais entre des villas où il n'y aurait aucun bruit. Plus bas, je ferais aboyer des chiens.

Alors, je descendrais un grand escalier couvert de feuilles mortes, et je passerais entre des haies de poivriers et de mimosas. Vers la 223e marche, je rencontrerais une colonne de fourmis noires en exode. Et je ne comprendrais pas ce qui les avait forcées à s'enfuir de la villa de gauche, la faim ou les insecticides, pour les conduire dans la villa de droite. Il y aurait aussi un papier froissé, dans le caniveau, sur lequel une main d'écolier [7] aurait écrit :

On the 12th of July 1588 Drake was playing bowls
at Plymouth with some of his officers.
La Manche sépare la France de l'Angleterre.
Il me semble que le bateau se dirige vers l'île.
Avez-vous entendu parler de l'accident ?
Sur les autos anglaises le volant est habituellement
à droite.
Napoléon ne put débarquer en Angleterre parce que
la flotte française avait été détruite à Trafalgar.[8]

et plusieurs mégots de cigarettes. Au bout de l'escalier, je verrais quelques enfants en train de jouer, et des autos arrêtées.[9] Le soleil

---

[5] **des tas d'ordures**   piles of garbage
[6] **Au besoin**   If need be
[7] **une main d'écolier**   a schoolboy hand
[8] **Trafalgar**   *A cape on the southwest coast of Spain, west of Gibraltar, site of British naval victory under Nelson over the French and Spanish fleets in 1805.*
[9] **des autos arrêtées**   parked cars

luirait très bas, tout contre la mer, prêt à s'éteindre. Mais au dernier moment, la cloche de la messe de huit heures, la sortie des élèves, ou quelques chose de ce genre, il obliquerait sur la droite et disparaîtrait derrière le champ d'aviation.[10] Plus bas, toujours plus bas, les hommes et les femmes seraient plus nombreux, les villas seraient de plus en plus proches, jusqu'à ne faire qu'un seul bloc d'immeubles, des étages, des suites de fenêtres et de balcons, des cages d'ascenseur, des toits si hauts qu'on ne peut savoir s'ils sont en tuiles ou en ciment, des garages, des trottoirs, des carrefours, des bouches d'égout,[11] un parc peuplé de femmes et de landaus, plusieurs chats de gouttière,[12] tout cela, de plus en plus serré, de plus en plus ville, jusqu'à ce que, insensiblement, je cesse de marcher sur de la terre pour marcher sur du goudron et du sable.

Là-bas, je me suis arrêté sur le bord du trottoir et j'ai regardé bouger les voitures. Il y en avait beaucoup, dans tous les sens. C'était un drôle de carrefour, sans le moindre îlot de verdure au centre, avec une bonne demi-douzaine de feux de signalisation qui s'allumaient à tour de rôle. A un moment, une voiture allemande a accroché[13] une camionnette ; les propriétaires sont descendus, et ils ont regardé leurs pare-chocs pendant quelques secondes, sans rien dire. Ils voulaient commencer à discuter, mais, derrière eux, on s'est mis à klaxonner et ils ont dû partir pour se ranger[14] plus loin. Alors, j'ai allumé une cigarette, sans rien dire, moi non plus, et j'ai attendu la suite.[15] C'était un peu comme si j'avais été à une fenêtre, aux alentours de midi,[16] en train de regarder une rue. Il y avait des mouvements, beaucoup de mouvements, dans tous les sens, et pourtant tout avait l'air bien tranquille. C'était peut-être un rythme, ou le contraire d'un

[10] **champ d'aviation**   flying ground (*airfield*)
[11] **des bouches d'égout**   gullies
[12] **chats de gouttière**   alley cats
[13] **a accroché**   ran into
[14] **pour se ranger**   to pull over
[15] **j'ai attendu la suite**   I waited for what would follow
[16] **aux alentours de midi**   around noon

rythme. Le sol était parfaitement lisse, sans la moindre aspérité
où l'œil eût pu s'arrêter, où le genou eût pu s'accrocher et saigner.
Un peu dans le genre d'un carton glacé, avec des caractères
imprimés sous le glaçage. Les voitures roulaient là-dessus sans bruit,
sans heurts, presque sans bouger. Puis elles disparaissaient dans les
rues, en une fuite douce qui faisait penser à des gouttes d'eau sur
une vitre. Les gens passaient aussi très vite, mais pour eux ça faisait
plutôt penser à un miroir qui n'aurait rien reflété. Tout ça était
liquide.[17] Les choses étaient posées les unes sur les autres, bien à
plat, et l'ensemble était harmonieux. Cependant, c'était loin d'être
parfait ; il y avait quelque chose qui me gênait dans tout cela ;
quelque chose qui me rendait vaguement inquiet. C'était, qu'est-ce
que je venais faire, moi, qu'est-ce que je pouvais bien venir faire
au milieu de toutes ces choses, dans cette histoire ?

Et, en plus,[18] il faisait froid. J'ai fini de fumer ma cigarette,
puis je l'ai jetée sur la chaussée, juste sous la roue avant[19] d'un
camion qui passait. J'ai relevé le col de mon veston et je me suis
mis à arpenter la rue. J'ai regardé les vitrines des magasins, les unes
après les autres. Devant un étalage de chaussures, il y avait une
vendeuse. Pour dire quelque chose, je lui ai demandé :

« Combien elles font,[20] les pantoufles ? »

« Les fourrées ? »

« Oui. »

« Quinze francs. »

« Merci. »

J'ai fait ainsi six fois le tour du pâté de maisons.[21] A la sixième,
je connaissais presque tout : les 2 cafés, dont 1 bureau de tabacs[22]

---

[17] *Note the particular metaphorical way in which the author describes
the scene, and also his obsession for things, which leads to the closing
statement of this paragraph: "what was I doing in the midst of all these
things."*

[18] **en plus**   besides

[19] **la roue avant**   the front wheel

[20] **Combien elles font**   How much

[21] **pâté de maisons**   a block of houses

[22] **bureau de tabacs**   tobacco shop

+ la droguerie + 1 marchand de chaussures + 10 réverbères verdâtres + poste de police et objets trouvés [23] + 1 magasin de céramiques de l'Étoile [24] + chaussures André [25] + 56 voitures en stationnement + 11 scooters + 7 bicyclettes + 1 vélosolex [26] + pharmacie de l'angle + 1 magasin de la Guilde + gaines et soutiens-gorge [27] + marchand de journaux et librairie + les affiches + 1 horlogerie-bijouterie Masséna [28] + 1 réparation du trottoir, près de l'angle sud + vins gros mi-gros [29] + boutique de coiffeur + 1 guichet de la Loterie Nationale [30] + « Florence » de Paris [31] + 1 tout-à-1 franc [32] + opticien + l'autre coiffeur hommes-dames + Jean Leclerc chirurgien-dentiste + 1 pâtisserie + l'entrée du garage, noire et crasseuse + « Automatic » [33] + 1 magasin Singer [34] + portes + rez-de-chaussée + fenêtres à barreaux + graffiti + taches + défense de stationner [35] + les sonnettes + thé Lipton + 1 mendiant assis par terre + fenêtres + fenêtres + fenêtres, toutes ces ouvertures et toutes ces excavations à ras de terre qui trouaient les murs de tout côtés ; à la sixième fois, donc, j'ai dû m'arrêter ; j'aurais bien continué comme ça, durant des heures, ou davantage ; mais les agents en faction [36] devant l'entrée du Poste de Police commençaient à me regarder d'un drôle d'air, et j'ai pensé qu'il valait mieux ne plus repasser devant eux.

Alors je suis reparti en ligne droite, le long de la rue principale.

[23] **poste de police et objets trouvés**   police station and lost-and-found
[24] **l'Etoile**   *The famous Paris square where the Arc of Triumph is located.*
[25] **André**   *name of a chain of shoe stores*
[26] **vélosolex**   *brand of motorbike*
[27] **gaines et soutiens-gorge**   girdles and brassières (*i.e., lingerie shop*)
[28] **Masséna**   *brand of watches and jewelry*
[29] **vins gros mi-gros**   wholesale and retail wines
[30] **un guichet... Nationale**   *public stand where tickets for the National Lottery are sold*
[31] **« Florence » de Paris**   *name of a dress shop*
[32] **tout-à-1 franc**   everything for one franc (*equivalent to a dime store*)
[33] **« Automatic »**   *self-service laundromat*
[34] **Singer**   *the well-known brand of sewing machines*
[35] **défense de stationner**   no parking
[36] **en faction**   on duty

J'avais sensiblement moins froid ; au bout de la rue, il y avait une espèce de soleil [37] d'hiver, très bas, qui semblait immobile. En marchant, je l'ai regardé un instant, et j'ai eu envie de savoir tout à coup ce qui pouvait bien se passer pour les gens qui vivaient 5 000 kilomètres plus loin. Pour eux, le soleil devait être encore très haut dans le ciel. Ou peut-être une nappe de nuages voilait-elle la chaleur, mélangeant les doux rayons à des gouttes de pluie. Mais de là où j'étais, en hiver, c'était très dur de savoir. Je me suis mis à marcher très calmement, posant les talons les premiers sur le revêtement de goudron froid,[38] les deux yeux fixés sur la boule blanche [39] qui se noyait près de l'horizon. Ce qui était bizarre, offusquant, c'était que je me sentais vivre,[40] dans la plus profonde évidence, et qu'en même temps, il me semblait être devenu transparent sous la lumière. Les vibrations de l'éclairage passaient à travers moi comme à travers un bloc d'air, et me faisaient onduler doucement du haut en bas. Tout mon corps, tout mon corps vivant était attiré invinciblement par la source lumineuse, et j'entrais longuement dans le ciel ouvert ; j'étais bu par l'espace, en plein mouvement, et rien ne pouvait arrêter cette ascension. J'étais comme construit, brique sur brique, en un haut édifice, en une muraille circulaire qui s'étalait sèchement jusqu'au plus profond des cieux. Ma chair était cimentée sur ce relief du monde, et je la sentais bouger et croître, toute craquante, étirée, paresseuse, vers ce soleil, dans le genre d'un eucalyptus. C'était la liberté, ou quelque chose comme ça. Je croisais des hommes et des femmes dans la rue, et je les distinguais très nettement, découpés en ombres chinoises [41] sur le fond blanc de l'horizon ; ou bien des obstacles, des animaux, des lampadaires, des vieillards cheminant sur place au bord du

---

[37] **une espèce de soleil**   a kind of sun
[38] **le revêtement de goudron froid**   the coating of cold asphalt
[39] **la boule blanche**   the white disk (*i.e., the sun*)
[40] **je me sentais vivre**   I felt alive. *The whole story is meant as a confrontation of the narrator with the outside world, the material world, which, as in Jean-Paul Sartre's* **La Nausée**, *results in anguish and disgust.*
[41] **ombres chinoises**   shadow theater (*usually the projection of black silhouettes on a transparent screen*)

trottoir venaient à moi au cours de ma marche ; mais au dernier instant, ils paraissaient s'écarter et fondre comme des branchages, et j'étais toujours entrant dans le ciel vide.

J'ai marché très longtemps comme ça, sans m'en rendre compte.[42] Puis la rue a fait un tournant, et la lumière m'a manqué. Je me suis retrouvé au bord d'un mur de béton, un enclos de terrain vague, une palissade de champ de démolition, ou quelque chose de semblable. Je me suis retrouvé comme ça, brusquement, dans l'ombre, nu, refroidi, et il m'a fallu regarder intensément plusieurs objets, et quelques personnes, pour redevenir [43] petit et anonyme.

Quelques minutes plus tard, le soleil s'est couché. Je ne l'ai pas vu disparaître, mais j'ai compris à certaines choses autour de moi que cela s'était fait très simplement. Un demi-ton de couleur avait changé, dans la rue, et sur les façades des maisons. On était passé discrètement de l'ombre au manque de lumière. Et, presque en même temps, les réverbères se sont allumés, les uns après les autres. J'ai regardé un instant l'étoile bleutée qui grandissait à l'intérieur des lampes, tournait au vert, puis au blanchâtre, puis au bleu de nouveau, mais plus cru ; je trouvais ça amusant et familier, ces lumières qui progressaient ainsi doucement dans les rues de la ville. J'avais envie d'être soudain très haut dans le ciel, en hélicoptère, ou bien au sommet d'une colline, pour pouvoir suivre la reptation des points blancs.[44] La ville se serait dessinée [45] pour moi, en relief, et j'aurais pensé à toutes ces maisons et à toutes ces rues où la vie humaine était en action ; j'aurais pensé à tous les dessins qu'on peut faire, en suivant avec un crayon à bille [46] ces séries de pointillés. J'aurais pensé à des tas de lits, de chambres chaudes, de tables, de chaises, de voitures, de charrettes à légumes.

---

[42] **sans m'en rendre compte**   without being conscious of it

[43] **pour redevenir**   to become again

[44] **la reptation des points blancs**   the crawling of white dots (*i.e., the snake-like movement of the street lights being turned on one after another*)

[45] *Note how the desire to be above the city, in a helicopter or on top of a hill, forces the narrator to use the conditional tense for the rest of this paragraph until he resumes his walk.*

[46] **un crayon à bille**   a ball-point pen

J'aurais joué à être ici, ou là, ou ailleurs, en prenant à chaque fois une lumière comme point de repère. Ou bien j'aurais joué à être la ville elle-même, et j'aurais senti sur mon corps plat, plein de boursouflures et de verrues, les picotements aigres de ces lueurs, comme les tracés d'une machine à coudre invisible.

Quand tout a été bien noir, avec ces points blancs des fenêtres et des réverbères, je me suis remis en route.[47] J'ai allumé une autre cigarette, et je l'ai fumée en marchant. J'ai regardé les visages des gens que je croisais dans la rue, ou que je dépassais, ou qui me dépassaient. L'éclairage variait ses angles, et c'étaient tantôt des yeux, avec de lourdes poches sous les paupières,[48] tantôt des cheveux illuminés comme des auréoles, tantôt des mains, des jambes mouvantes, des vêtements devenant râpeux sous la lumière du néon, des silhouettes noiraudes grouillant dans l'ombre, près des murs. J'ai marché longtemps comme ça, en traçant de grands arcs de cercle, à travers la ville. Je suis passé par la périphérie de la ville, loin de la mer, dans un quartier d'usines à gaz et de terrains vagues.[49] C'était désert, et il faisait froid. Puis j'ai abouti à une place, une espèce d'immense place gondolée, couvrant le lit de la rivière, où il n'y avait rien, pas un arbre, pas une maison, pas une boutique de glaces ou un marchand de journaux, rien que des voitures immobiles. J'ai traversé le parking dans sa longueur.[50] J'ai vu des centaines de vitres obscures, des ondulations de carrosserie, noir, bleu, gris, rouge, vert, blanc, des pneus, des pare-chocs, des phares, des essuie-glaces. Là aussi, c'était désert. De temps à autre, au milieu de cette mer de voitures, sous la pluie sale des réverbères, émergeait un homme seul, vêtu d'une gabardine, ou bien un couple, en équilibre contre un capot ; il se dégageait de toutes ces machines à l'arrêt une sorte de rumeur confuse, qui n'était plus du bruit et pas encore du silence. Comme si le grondement continu des deux fleuves parallèles des rues encadrant le parking

---

[47] **je me suis remis en route**   I set out again
[48] **de lourdes poches sous les paupières**   bags under the eyes
[49] **terrains vagues**   wastelands
[50] **dans sa longueur**   lengthwise

pénétrait ces masses de ferraille congelée et les faisait résonner sourdement, d'une musique pleine de cambouis et d'éloignement.

J'étais en quelque sorte nourri de cette rumeur. Elle entrait par mes oreilles et par toute ma peau et s'installait à l'intérieur de mon corps, déclenchant des mécanismes inconnus, des rouages. Au bout de quelque temps, j'étais devenu une sorte de voiture, moi aussi, une machine d'occasion [51] sans doute ; ma peau s'était durcie, avait pris des tons métalliques, et, au plus profond de mes organes, c'était une mécanique dansante qui se déchargeait, à droite, à gauche, à droite, à gauche. Des pistons saillaient, des bielles s'emportaient, et à l'intérieur d'un repli de chair solide, dans le genre d'une culasse, un souffle chaud et puissant s'allumait très vite, et s'anéantissait en son propre éclatement, refoulant des vagues de fumée gorgée de suie,[52] lourdes et larges comme des nappes de sang. Alors, pris par le mouvement et par l'automation, j'étais perdu au centre de ce labyrinthe de carrosseries éblouissantes. Je butais contre les pare-chocs chromés, j'étais fusillé [53] par les faisceaux des phares, étalé, écrasé sur le sol par des paires de roues qui passaient sur moi et dessinaient les motifs de leurs pneus [54] sur ma peau. Je bougeais sans cesse, je me faufilais entre les rangées de voitures. Au passage, des noms s'accrochaient à moi et restaient fixes sur mes rétines, De Soto, Pontiac, Renault, *Ondine,*[55] Panhard, Citroën, Ford. Sans courir, je filais en zigzag sur le macadam, je contournais les formes obèses, les angles des ailes, les pare-brise, les coffres, les roues de secours. Je rampais sous les camions, je raclais mon dos le long des arbres de transmission,[56] dans des clairs-obscurs pleins d'odeurs d'essence et de nappes d'huile. Dans l'ombre grasse et entre les pneus. C'étaient pour moi des chambres minuscules, étouffantes, aux murs de caoutchouc, et dont le plafond,

---

[51] **une machine d'occasion**   a used (*second-hand*) machine
[52] **des vagues... suie**   waves of smoke full of soot
[53] **j'étais fusillé**   I was shot down
[54] **les motifs de leurs pneus**   the treads of their tires
[55] **Ondine**   *one of the models of Renault cars, a deluxe version of the Dauphine*
[56] **arbres de transmission**   transmission shafts

très bas, fourmillait de tubulures et de fils. Et je prenais place dans ces chambres, tout près du sol, et je les habitais entièrement, comme un quadrupède. C'est cela, j'étais une sorte de chat de gouttière effrayé par des bruits et par des lumières, et je rampais tout le temps sous le ventre des voitures.

Quand je suis sorti du parking, en passant sous un Berliet,[57] j'ai vu un jardin public, et, derrière, une grande place entourée d'arcades ; c'est là que j'ai marché pendant vingt minutes. Les gens commençaient à me regarder bizarrement, parce qu'en me traînant sous les automobiles, j'avais taché mes vêtements de cambouis et j'avais déchiré mon pantalon au genou droit. Alors je suis allé au plus dense de la foule, et je me suis laissé porter par le mouvement sans rien dire. Quand j'ai été fatigué, j'ai choisi un banc au bord du trottoir, et je me suis assis. J'ai fumé une cigarette, en regardant les voitures passer. Après un moment, comme je ne savais pas trop quoi faire, et que je n'ai jamais aimé regarder les choses en face trop longtemps, je me suis mis à graver des lettres à la suite dans le dossier du banc, avec un caillou pointu. Ça a donné quelque chose comme :

AXEIANAXAGORASEIRA

J'ai vu une petite fille qui s'efforçait à faire du patin à roulettes avec un seul patin. Elle prenait son élan, puis elle s'élançait en avant, les deux bras levés en l'air, et elle glissait sur un seul pied. Mais elle perdait tout de suite l'équilibre, et à chaque fois, manquait de tomber.[58] Elle tomba même deux ou trois fois. Mais cela ne semblait pas la décourager, et elle recommençait toujours, inlassablement ; à un moment, elle passa tout près du banc, et s'y accrocha pour s'arrêter. Je l'ai regardée et je lui ai dit :

« Vous n'avez pas peur de tomber ? »

Mais elle ne m'a pas répondu. Une minute plus tard, comme elle revenait près du banc, je lui ai reposé la même question. Elle m'a dit :

---

[57] **Berliet**   *a brand of trucks*
[58] **manquait de tomber**   almost fell

« Il faudrait que j'aie les deux patins, là, je ne tomberais pas. »

Je lui ai demandé pourquoi elle n'avait pas les deux patins. Elle a réfléchi un instant, puis elle a répondu :

« C'est Ivan. Mon petit frère. C'est lui qui a l'autre patin. Vous comprenez, les patins sont à lui, alors il ne m'en prête qu'un à la fois. »

Elle a fait un ou deux aller-retour, comme ça, à clochepied,[59] en évitant les passants, puis elle est revenue près du banc.

« Et encore.[60] S'il me prêtait le patin droit ça serait facile. Mais il ne me prête que le patin gauche, alors... »

Je lui ai dit que je ne savais pas qu'il y avait des gauches et des droits dans les patins à roulettes. Je pensais qu'ils étaient interchangeables.

« D'habitude oui. Mais là, c'est des patins spéciaux.[61] Vous voyez », dit-elle en me montrant son pied ; « vous voyez, il y a comme une chaussure dessus. D'habitude, il y a seulement des courroies. Mais dans ces patins-là, il y a une espèce de chaussure pour mettre le pied ; c'est spécial ; c'est pour qu'on ne se fasse pas mal. »

Moi, j'ai dit que c'était bête[62] qu'on ne puisse pas mettre le patin gauche au pied droit, et que ça devait être bien difficile de se tenir comme ça sur la jambe gauche, sauf, bien entendu, pour les gauchers.[63] Elle m'a regardé d'un air un peu apitoyé et elle m'a expliqué :

« Les gauchers, c'est pour les mains, voyons, pas pour les pieds, c'est connu. »

J'ai eu beau essayer de lui dire qu'il y avait des gens qui étaient gauchers des pieds comme des mains, elle n'a pas voulu me croire. Elle m'a dit que c'était idiot, complètement idiot. Alors je me suis seulement contenté de répéter que ça devait être tout de même

---

[59] **à cloche-pied**   to hop on one foot
[60] **Et encore.**   At least.
[61] **Mais là, c'est des patins spéciaux.**   But these are special skates.
[62] **c'était bête**   it was stupid
[63] **les gauchers**   those who are left-handed

bien compliqué de faire du patin à roulettes sur le pied gauche.
Elle m'a crié :

« Question d'habitude. »

Et elle a recommencé à courir. Elle est allée très loin, cette fois,
et un groupe de passants l'a dérobée à mes yeux.[64] J'ai attendu un
instant qu'elle reparaisse, parce que je voulais lui demander de me
prêter son patin pour faire un tour; mais elle n'est pas revenue, et,
comme je commençais à avoir froid de nouveau, je suis parti, moi
aussi.

Aux environs de la gare, j'ai rencontré une amie d'enfance ;
elle s'appelle Germaine, Germaine Salvadori. Je ne l'avais pas
vue depuis très longtemps, à cause de ce voyage que j'avais fait
en Bulgarie. Nous avons vaguement parlé, de choses insignifiantes,
comme ça, debout sur le bord du trottoir. Elle m'a dit qu'elle
était mariée, à présent, et qu'elle avait une petite fille, nom Élodie.
J'ai dit que c'était un nom curieux, etc., mais en réalité, c'était
faux, je trouvais ce prénom prétentieux et cabotin.[65] Elle m'a
proposé d'aller prendre un verre,[66] probablement en souvenir du
temps où j'étais sorti avec elle. J'avais soif et j'ai accepté. J'ai
écouté tout ce qu'elle m'a dit, son expédition en Espagne, son
mariage, le nom de son mari, son gosse, l'éducation, le métier,
tout ça passionnément, comme si ç'avait été la vérité. Il y avait
quelque chose que je ne comprenais pas, derrière tous ces mots, une
sorte de drame qu'on m'aurait tenu caché. Je voulais intensément
le découvrir, écarter des quantités de remparts, épuiser toutes les
voies du labyrinthe, méthodiquement, une à une, forer un trou
avec ma tête dans l'obstacle de l'oubli. C'était épuisant. Après une
heure, j'avais mal à l'intérieur du cerveau, derrière les yeux, et
les lumières et les bruits du café bougeaient autour de moi comme
des personnes. Je me sentais cuirassé, hermétiquement clos contre
je ne sais quoi, imperméable aux feux d'artifice des autres hommes
et de cette femme. Elle m'a dit :

[64] **l'a dérobée à mes yeux**   hid her from my sight
[65] **cabotin**   corny
[66] **aller prendre un verre**   to go and have a drink

« J'ai appris ton succès avec ta pièce de théâtre, tu sais. J'ai lu ça dans les journaux, et ça m'a rappelé le temps de la propé.[67] Comment elle s'appelle, ta pièce, déjà ? Je ne me souviens plus... »

« *Avant-Propos.* »[68]

« Ah oui, *Avant-Propos.* Je me rappelais que c'était en deux mots, mais je ne trouvais qu'Abat-jour, ou Ex-voto, ou Arrière-pensée,[69] ou quelque chose comme ça. Enfin, ça a bien marché, tu es content ? »

« Oui, finalement, je suis content », ai-je dit.

« Je ne l'ai pas lue, tu sais, mais on en a beaucoup parlé dans les journaux au moment où elle est sortie. C'est sur le problème de la passion, je crois ? »

« Oui, c'est ça. C'est sur le problème de la passion.»

« Et maintenant, qu'est-ce que tu vas faire ? »

« Tu veux dire, au point de vue théâtre ? »

« Oui. »

« Oh, je ne sais pas. J'attends. »

« Tu dois avoir des propositions intéressantes,[70] non ? »

« Oui, mais je préfère attendre encore un peu. »

« Ah oui, tu laisses venir l'inspiration. »

« Oui, c'est ça, je pense qu'il vaut mieux attendre encore un peu.»

« Tiens, je me rappelle l'essai que tu avais fait, en propé, tu te souviens ? L'essai sur *le Bateau ivre* ?[71] Tu avais des idées un peu trop originales, à ce moment-là, j'ai l'impression. Ça dépassait nettement le niveau de la classe, tu ne crois pas ? D'ailleurs, Berthier ne t'avait pas raté à l'examen, cette année-là. Tout le monde croyait que tu étais un fumiste,[72] mais moi, je savais que tu étais quelqu'un. Franchement, non, c'est vrai, je savais que tu ferais quelque chose. »

---

[67] la propé (*colloquial for* propédeutique)   propaedeutic (*in the French system, preparatory period of studies leading to diplomas somewhat equivalent to Master's degrees*)

[68] Avant-Propos   Foreword

[69] Arrière-pensée   ulterior motive

[70] des propositions intéressantes   interesting offers

[71] *title of a famous poem by Arthur Rimbaud* (1854–1891)

[72] un fumiste   a fraud

J'ai souri humblement, j'ai fini mon verre de bière, et j'ai dit qu'il valait mieux que je parte, à présent, à cause d'un rendez-vous important. Si je lui avais dit tout d'un coup que j'en avais assez d'être assis là, à cette table, dans ce café, au milieu de ces gens, en face d'elle, elle n'aurait pas compris ; mais en prétextant un rendez-vous important, j'étais sûr qu'elle ne protesterait pas. Elle appela le garçon, paya les consommations, et se leva. Nous sortîmes ensemble, et, sur le seuil, nous nous dîmes au revoir. Je l'ai regardée s'en aller à gauche, puis se perdre dans la foule, entre un kiosque à journaux [73] et une vitrine de bijoux pleine de néons brutaux.

Il commençait à être tard, à ce moment-là, neuf ou dix heures. Déjà l'on percevait à travers l'étendue de la ville les signes de silence qui allaient venir. Le sommeil entrait dans toutes les choses et s'y lovait doucement. Une matière glacée et calme, qui venait de nulle part, du fond du ciel, peut-être, ou de ce point à l'horizon, de cette tache noire et profonde, à l'opposé de l'endroit où avait disparu le soleil. Comme des bêtes habitées par une étrange inquiétude, tout à fait comme un vol de pigeons ou de mouches, les hommes et les femmes rôdaient le long des trottoirs, tantôt obscurs, tantôt éclairés par la lumière blafarde d'un magasin. Et les réverbères commençaient à brûler tout seuls dans la nuit compacte.

Moi, quand j'ai eu vu ces choses étalées partout, sous mes yeux, j'ai senti une espèce de tristesse claire et nette s'emparer de mon esprit. J'ai compris que tout était évident, pur et glacé, se consumant éternellement sans chaleur ni scintillation, comme des étoiles dans le vide. J'ai compris que le temps passait, que j'étais sur la terre, et que je m'épuisais chaque jour davantage, sans espoir mais sans désespoir. J'ai compris que quand revient cycliquement l'automne, je ne suis plus rien.

Alors, je suis revenu sur mes pas,[74] et j'ai pris le boulevard qui mène à la rivière, Là-bas, j'ai descendu les marches d'un petit escalier, et j'ai cheminé sur le lit sec de la rivière. J'ai marché sur les galets, entre des broussailles et des flaques d'eau pourrie;

[73] **kiosque à journaux**   newsstand
[74] **je suis revenu sur mes pas**   I retraced my steps

au fond, à gauche, il y avait le courant de l'eau sale qui coulait tranquillement. Parfois, entre les monticules de pierres, on voyait des sortes de rigoles boueuses [75] où flottaient des brindilles. L'air était noir et, par plaques, sentait la fumée. A côté de tas d'immondices, des brasiers, des caisses déclouées attestaient la présence d'une vie humaine secrète. Plus bas, en direction du centre de la ville, le fleuve passait sous une place couverte, et des clochards vivaient là tous ensemble. Quand l'hiver venait, au fur et à mesure du froid, ils reculaient à l'intérieur de l'abri; parfois, une crue subite enflait la rivière, et tous étaient noyés, ou à peu près.

J'ai erré un moment comme ça, à travers ce dépotoir; j'avais très soif, et j'ai bu de l'eau dans une des flaques boueuses. Si j'attrape la typhoïde, tant mieux, c'est une fin comme une autre. Puis je me suis assis sur un tas de cailloux, et j'ai fumé une cigarette. J'ai regardé la ville encore une fois et j'ai senti comme de l'amusement. J'ai pris des cailloux à pleines mains et je les ai jetés sur une boîte de conserves qui traînait au sommet d'un monticule. Quand j'ai eu fini, je me suis allongé sur le dos, sur les galets froids, et j'ai regardé le ciel noir. Je ne sais pas pourquoi, mais je me suis rappelé d'un seul coup un poème qu'avait écrit mon frère Eddie, avant de partir, il y a six ou sept ans. Je l'ai récité à haute voix,[76] pour moi et pour les clochards. C'était:

> amer ou quoi
> je retire mes désirs
> je laisse filer ma gloire
> j'entrouvre la porte au non
> je m'en fous que les oiseaux volent.
> Je n'aime plus le rouge
> le destin est un marchepied
> pour les incapacités.
>
> Je prends le train demain
> pour la capitale des cloques.

[75] **des sortes de rigoles boueuses**   kinds of muddy gullies
[76] **Je l'ai récité à haute voix**   I recited it (*the poem*) aloud

Après, je suis resté très longtemps allongé sur les pierres. Je n'ai plus senti le froid, ni les odeurs. Il n'est plus resté de moi qu'un emplacement, posé léger comme une feuille morte. Puis plus rien. Et maintenant, je viens revoir tous les soirs, du haut de la balustrade, sur le lit desséché de la rivière, parmi les galets les herbes et les ordures, l'endroit d'où j'ai disparu.

questions

1. Retracez le thème de la métamorphose à travers les images dont se sert le narrateur pour décrire son état d'âme.
2. Quelles sont les raisons qui causent l'angoisse du narrateur?
3. Comment expliquez-vous le titre de cette nouvelle?
4. Quelle est la profession du narrateur, et dans quelle mesure celle-ci explique-t-elle sa manière de voir le monde?
5. Comment interprétez-vous la fin de l'histoire?

vocabulaire

abat-jour *m.* lamp shade

s'abattre to fall down, come down

aborder to land (*by water*)

abords *m. pl.* outskirts (*of city*)

aboutir (à) to end at

aboyer to bark

abreuver to water (*cattle, etc.*); soak, saturate

abri *m.* shelter; à l'— de sheltered by

acajou *m.* mahogany

accabler to overpower, overwhelm

accaparer to take all, grab all

accoucheur *m.* obstetrician, midwife (*man*)

accoupler to couple

accrocher to hook, hang up; s'— à to cling to

accroître to increase

acculé cornered

achever to finish; dispatch, kill

acier *m.* steel

adjonction *f.* adding, adjunction

affairement *m.* hurry, bustle

affamé hungry, starving

affiche *f.* placard, poster

affleurement *m.* levelling

affluence *f.* crowd

agglomération *f.* urban center

s'agir (de) to concern, be a matter of

aigu sharp, shrill

aiguille *f.* needle; hand (*of clock*); dans le sens des —s clockwise

aile *f.* wing; fender (*of car*)

ailleurs elsewhere; d'— besides

aîné *m.* elder, eldest

air *m.* appearance, look; melody, song, tune

aisselle *f.* armpit

ajouter to add

ajusteur *m.* fitter

alentours *m. pl.* environs, neighborhood

algue *f.* seaweed

allemand German

aller *m.* going, outward journey

aller-retour *m.* round trip, back and forth

s'allonger to lie down (*at full length*)

allumette *f.* match

allure *f.* speed; walk, bearing; à toute — at full speed

alourdir to weigh down

amarrer to moor, make fast

amas *m.* heap, pile

âme *f.* soul; — qui vive living soul

aménager to arrange, dispose

amer bitter

amoncellement *m.* heap, pile

amorce *f.* beginning
amour-propre *m.* self-esteem, conceit
anéantir to annihilate, destroy
angoisser to anguish, distress
annelé ringed
antre *m.* cave, den, lair
apaisant appeasing, calming
apercevoir to see
apitoyer to move with compassion
aplatir to flatten
applaudissement *m.* applause
s'apprêter to get ready to
appui *m.* support, backing
appuyer to prop, lean, rest
arbre *m.* tree; — **de transmission** transmission shaft
arête *f.* edge
argile *f.* clay
arpenter to measure (*land*); — **la rue** to pace up and down the street
arracher to tear (*out, up, away*)
arrêt *m.* stop, pause; **à l'**— stopped
ascenseur *m.* elevator
aspérité *f.* roughness, asperity
assaut *m.* assault, onslaught
assener to strike (*a blow*)
s'asseoir to sit down
assiéger to besiege
s'assoupir to doze off
atelier *m.* workshop; studio (*of artist*)
atteindre to reach
atténuer to lessen
attirer to attract, draw
attraper to catch
aubépine *f.* hawthorn
auberge *f.* inn
auditeur *m.* listener
autel *m.* altar
autour (de) around
autrefois formerly; **d'**— of long ago

avaler to swallow, drink up, devour; lower (*cask into cellar*)
avertir to warn, notify, signal
aveugle blind
avoir to have; — **beau** do something in vain; — **du mal** to have difficulty
avoisinant neighboring

badigeon *m.* distemper, whitewash
bafouer to scoff at, flout
bahut *m* cupboard
baie *f.* berry; — **de houx** holly berry
baiser *m.* kiss
baisser to lower
balancer to swing, rock
balayer to sweep
bander to bandage; tighten, stretch
baquet *m.* bucket
barbotine *f.* slip (*potter's clay*)
bariolé gaudy, motley
barque *f.* boat (*rowboat, fishing boat*)
barre *f.* bar (*seawall*)
barreau *m.* small bar; **fenêtre à** —**x barred window**
barrer to bar, obstruct
bas-côté *m.* (*side*) aisle (*of church*)
bascule *f.* scale
basculer to rock, swing; topple over
basque *f.* skirt, tail (*of coat, etc.*)
bassin *m.* pelvis
battant *m.* leaf, flap; — **de porte** hanging door
bec *m.* beak, bill (*of bird*); spout
bec-d'âne (*same as* **bédane**) *m.* mortise chisel
beignet *m.* fritter
bénéfique beneficient
bénitier *m.* holy-water basin

béquille *f.* crutch
besogne *f.* task
besoin *m.* need
bête stupid
bêtise *f.* silliness, stupidity
béton *m.* concrete
bielle *f.* rod, crank arm
bienfaisant charitable, beneficial
bien-fondé *m.* merits
bille *f.* marble
biquette (*colloquial*) *f.* kid
  (*goat*), nanny goat
bistro (*colloquial*) *m.* bar, pub
blafard pale, pallid
blague (*colloquial*) *f.* joke, hum-
  bug
blanchâtre whitish
blancheur *f.* whiteness
bleuté tinged with blue
bloqué blocked, jammed
se blottir to crouch, squat; curl up
bocage *m.* grove
bœuf *m.* ox
boîte *f.* box, can; — de conserves
  tin can
bosquet *m.* grove, thicket
bossué battered
boucherie *f.* butcher shop; — chevaline horse-meat butcher shop
boucle *f.* bucle; loop, sweep
boudin *m.* black pudding, blood
  sausage
boueux muddy
bouger to budge, stir, move
boule *f.* ball
bourdonnement *m.* humming, buz-
  zing
bourgeonner to bud
bourrelet *m.* pad, wad; (*horse*)
  collar
bourrer to stuff
boursouflure *f.* swelling
bout *m.* end; small piece
bouteille *f.* bottle
brasier *m.* (*flaming*) fire

bredouille *f.* lurch; être — (*colloquial*) to have failed completely
bribes *f. pl.* fragments, odds and
  ends, snatches
brindille *f.* twig
brise-lames *m.* breakwater, mole
briser to break
broncher (*colloquial*) to flinch,
  falter, wince
bronzé suntanned
brouillard *m.* fog
broussaille *f.* brushwood
broussailleux bushy
bruit *m.* noise
brûler to burn
brune *f.* dusk
brusquer to be sharp, abrupt; —
  les choses to precipitate matters
bu drunk
buter to strike, hit (*against*)
butin *m.* booty, spoils
butoir *m.* buffer

cabane *f.* hut, shack
cabotin *m.* ham actor, mummer
cacher to hide, conceal
cadran *m.* face, dial; faire le tour
  du — to go around the clock
cafetière *f.* coffee pot
cagneux knock-kneed, crooked
caillou *m.* pebble, stone
caisse *f.* box
calciné roasted
caleçon *m.* underpants, drawers
calorifère *m.* (*central*) heating in-
  stallation
calotte *f.* brainpan
cambouis *m.* dirty oil (or grease)
camion *m.* truck
canalisation *f.* pipe work
canard *m.* duck
canif *m.* penknife, pocketknife

caniveau *m.* gutter stone
cantatrice *f.* female singer
cantique *m.* hymn
cantonner to confine
capot *m.* hood (*of car*)
carré *m.* square
carreau *m.* small square; étoffe à —x checked fabric
carrefour *m.* crossroads
carrosserie *f.* body (*of car*)
cartable *m.* portfolio
casquette *f.* cap
cassure *f.* break, crack
cauchemar *m.* nightmare
caution *f.* bail; sous — under bail
cavalier *m.* gentleman
caver to hollow (*out*), dig (*out*)
céder to yield, give up
ceinture *f.* belt, waist
ceinturer to surround
cendrier *m.* ashtray
cercueil *m.* coffin
cerner to encircle, surround
cerveau *m.* brain
cesser (de) to stop
chair *f.* flesh
chaleur *f.* heat
champ *m.* field; — de courses race track
champêtre rural
chanson *f.* song
chanvre *m.* hemp
charnel carnal
charnière *f.* hinge
charnu fleshy, plump
charogne *f.* carrion, decaying carcass
charpente *f.* framework
charpie *f.* lint, shredded linen
charrette *f.* cart
chaussée *f.* roadway
chauve bald
chauve-souris *f.* bat
chaux *f.* lime, limewash
chemin de fer *m.* railroad

cheminer to advance, trudge
chemise *f.* shirt
chêne *m.* oak
chenille *f.* carterpillar
cheville *f.* ankle
chèvre *f.* goat
chirurgien-dentiste *m.* surgeon-dentist
chœur *m.* chorus; choir (*of singers*)
chômeur *m.* unemployed (*worker*)
chouette *f.* owl
chuchotement *m.* whispering
chute *f.* fall
cicatrice *f.* scar
claque *f.* slap
cligner to blink, wince
clochard *m.* tramp
cloche *f.* bell
clos shut, closed
clôture *f.* enclosure
cochon *m.* pig
cœur *m.* heart; savoir par — to know by heart
coffre *m.* trunk (*of car*)
coiffeur, coiffeuse hairdresser
coin *m.* corner, wedge
coincé wedged (*in*), cornered
col *m.* collar
colère *f.* anger
colérique choleric
coller to paste, stick, glue
colline *f.* hill
collusion *f.* secret agreement, conspiracy
colonne *f.* column
combler to fill (*in*)
comestible edible
comment how, what
communément ordinarily, generally
compter to count; y — to count on it
concasser to crush
concluant conclusive

conduire to lead (*to*)
confectionner to make (*a dress*)
confondre to confuse
connaissance *f.* knowledge
connaître to know
consommation *f.* drink (*in café*)
consterner to dismay; strike with consternation
conte *m.* story, tale
contourner to skirt, bypass, go around
contraindre to constrain, compel
contrée *f.* region
contrôler to verify, check
corbeau *m.* crow
cordelière *f.* belt, cord, twist
cordon *m.* strand; cord, string
corne *f.* horn
cornet *m.* small horn, trumpet; — **de papier** paper twist
corps *m.* body; **lutter — à —** to come to grips
corvée *f.* irksome task, thankless duty
costume *m.* suit
cote *f.* assessment
côte *f.* rib; slope
coteau *m.* hill
cou *m.* neck
coude *m.* elbow; bend (*of the road*)
coudre to sew
couler to flow; pour (*into*)
coup *m.* blow; stroke; — **d'œil** glance
coupant *m.* cutting edge
couper to cut; — **la vue** obstruct the view
courbé curved
se courber to bend, bow
couronner to crown
courroie *f.* strap
couteau *m.* knife
couvrir to cover
crainte *f.* fear, dread

cranien cranial (*of the skull*)
craquer to crack, make a cracking sound
crasseux dirty, filthy, soiled
crayeux chalky
crayon *m.* pencil; — **à bille** ball-point pen
créer to create, form
crème *f.* cream; — **glacée** ice cream
crépir to grain
crépu woolly, crisp, frizzy, fuzzy (*hair*)
crête *f.* crest
creuser to dig
creux *m.* hollow, pit
crever to burst
crispé clenched, tense
croc *m.* hook
croiser to cross
croître to grow
croix *f.* cross
cru raw, crude
cruauté *f.* cruelty
crue *f.* rising (*of water*)
cueillette *f.* gathering, picking
cuir *m.* leather
cuirassé armored
cuisinier *m.* cook
cuisse *f.* thigh
cuivre *m.* copper
cul (*colloquial*) *m.* backside, behind,
culasse *f.* head (*of engine*)
cultiver to cultivate, perfect

dalle *f.* flag (*stone*), paving stone
davantage more
déambuler (*colloquial*) to stroll about
débarcadère *m.* landing pier, wharf
débarquer to disembark, land

déboucher (sur) to run into (*a place*); emerge

déboutonné unbuttoned

début *m.* beginning

décalquer to trace off; **se —** to leave an imprint

décédé deceased

décharner to strip the flesh off (*bone*); emaciate

déchiqueté to cut to bits

déchirement *m.* tearing

déclencher to start, initiate

déclouer to unnail, undo

décoloré discolored

décombres *m. pl.* rubbish, debris (*of buildings*)

se découper to stand out, project (*against*)

décroître to decrease

déesse *f.* goddess

défaut *m.* fault, shortcoming; **faire —** to be lacking

défense *f.* prohibition, interdiction

se dégager to disengage, come off

dégel *m.* thaw

se dégeler to warm up

dégoût *m.* disgust, distaste, loathing

déguenillé ragged, tattered

dehors outside

délicatesse *f.* delicacy, refinement

délier to come loose, untie; relax

démarche *f.* tentative

demeure *f.* residence, dwelling

demeurer to remain

demi-ton *m.* half-tone

dénivellation *f.* gradient, unevenness

dénouer to untie

dent *f.* tooth

dentelé jagged, indented

dépasser to go beyond, be beyond

dépecer to cut up, dismember

se dépêcher to hurry, rush

dépit *m.* spite; **en — de** in spite of

se déplacer to move about

dépôt *m.* deposit; depot

dépotoir *m.* dump

dépouille *f.* mortal remains

dérisoire ridiculous, laughable

dernier last

dérober to hide, conceal

déroute *f.* rout, disorderly retreat, downfall

désœuvré unoccupied, idle

dessécher to dry up

désuet obsolete

se détendre to relax

détourner to divert; **se —** to turn away, turn aside

détresse *f.* distress, grief

détroit *m.* strait, sound

détruire to destroy

dévaler to descend, go down; hurry down

dévier to swerve

devoir *m.* duty

diacre *m.* deacon

dicton *m.* dictum, common saying

digue *f.* dike, embankment

diriger to direct; **se —** to head for

disconvenir to disagree

discuter to argue

diseur *m.* (story) teller

dissemblance *f.* dissimilarity

dissimuler to hide, conceal

distancer to outdistance, outrun

distraitement absent-mindedly

doigt *m.* finger

donc therefore

donner to give; **— sur** to look out on

doré gilded, golden

dormeur *m.* sleeper

dos *m.* back

dossier *m.* back (*of seat*)

doux, douce sweet; slow

drague *f.* dredger
se dresser to rise, stand (*in front of*)
droguerie *f.* drugstore
drôle strange, curious; **d'un — d'air** in a funny way
dur hard
durcir to harden; **se —** to become harder, harsher
durcissant hardening
durer to last

éblouissant dazzling
s'écarter to move aside
échafaudage *m.* scaffolding
échancrure *f.* indentation, groove
s'échapper to escape
échasse *f.* stilt
échelle *f.* ladder
échevelé dishevelled (*hair, person*)
éclair *m.* lightning flash
éclairage *m.* lighting, street lighting
éclatant brilliant, dazzling
éclatement *m.* explosion, bursting
écolier *m.* pupil, student
éconduire to get rid of; **être éconduit** to be rejected
écoulement *m.* outflow, flowing
s'écouler to flow out, run out
écraser to crush
écrire to write
s'écrouler to collapse, crumble
écume *f.* foam
effet *m.* result
effleurer to touch or stroke lightly, skim, graze
effrayer to frighten
effroi *m.* fright, terror, fear
égal equal, even; **être —** to be all the same
égard *m.* consideration, respect

égout *m.* sewer
élan *m.* spring, impetus, momentum
s'élancer to dash forward
s'éloigner to go away, move away
embarcadère *m.* wharf, landing dock
embêté (*colloquial*) annoyed, bothered; bored
embouchure *f.* mouth (*of river*); mouth piece
embraser to set fire to; set ablaze, aflame
embrun *m.* spray, spindrift
émoussé blunted
s'emparer (**de**) to grab, take hold of
emplacement *m.* location, spot
emportement *m.* anger
empreinte *f.* imprint, stamp, mark
emprunter to borrow; **— une rue** to take a street
ému affected, moved (*emotionally*), excited
encadrer to frame
s'encastrer to fit (*in, into*)
enchère *f.* auction
enclos *m.* enclosure
encombré hindered, burdened
encrouté crusted
endroit *m.* place, spot, locality
enfance *f.* childhood; **ami d'—** childhood friend
enfantin infantile, childish
enfer *m.* hell; **les —s** the Underworld
enfler to swell
s'enfoncer to sink
enfouir to hide, bury
s'enfuir to flee, escape
engouffrer to engulf
engraisser to fatten (*animals*)
enivrer to intoxicate
enjambée *f.* stride

enraciné rooted
enrayer to stop, jam
enrober to cover, envelop
s'enrouler to coil, wind up
enseignement *m.* teaching
ensemble *m.* whole, entirety; together
s'ensuivre to follow, ensue, result
entaille *f.* notch, groove
entamer to open, break into, begin to cut
entasser to accumulate, pile (*up*)
s'entendre to agree, get along
enterreur *m.* burier (*of corpse*)
entêtement *m.* stubbornness, obstinacy
entourer to surround
entraînement *m.* training
entraîner to drag, sweep away
entrecouper to intersect; interrupt
entrée *f.* entrance
entretien *m.* support, upkeep
entrouvrir to half open
envahir to invade, overrun
envers *m.* backwards, reverse
envisager to face; consider, contemplate (*possibility, etc.*)
s'envoler to fly away; take off; blow off
épais thick
épaissir to thicken; become stout
épanouissement *m.* opening out, blooming (*flowers*); beaming (*of joy*)
épaule *f.* shoulder
épiler to pluck
épouse *f.* wife, spouse
épouser to marry, wed
épreuve *f.* test
épuisement *m.* exhaustion
équilibre *m.* balance
errer to wander, err
escalader to climb
escalier *m.* stairway, steps
escargot *m.* snail

escompter to discount; anticipate
escouade *f.* squad
espoir *m.* hope
esquisse *f.* sketch
essayer to try, attempt
essence *f.* gasoline
essuie-glace *m.* windshield wiper
estimer to estimate, calculate
étage *m.* story, floor (*of building*)
étai *m.* stay, prop, strut
étalage *m.* display (*of store*)
étale slack
s'étaler to spread out
étalon *m.* standard (*of measures*)
étamé galvanized
étamine *f.* stamen
étang *m.* pond
état-civil *m.* public registry
été *m.* summer
s'éteindre to go out (*light*)
étinceler to throw out sparks; sparkle, glitter
étoffe *f.* material, fabric
étouffer to suffocate, choke
étrangler to strangle
être to be; y— to understand, get it
étreindre to clutch, embrace
étroit narrow
étude *f.* study; faire ses —s à to study, be educated at
éviter to avoid
exiger to require, demand
exode *m.* exodus
exorciser to exorcize, cast out
extasié enraptured

fâcheux troublesome, unfortunate
facteur *m.* mailman
faiblement lightly, weakly
faillir to err, transgress; — (*plus infinitive*) to nearly, almost
faillite *f.* failure, bankruptcy

faim *f.* hunger

faire to do, make; **— plaisir** to please; **— du patin** to skate

faisceau *m.* beam (*of headlight*)

faîte *m.* ridge (*of roof*); top, summit

falloir to be wanting

fanal *m.* lantern, light

fané withered

farcir to stuff

fardé made up (*with cosmetics*)

faubourg *m.* suburb

se faufiler to thread one's way through, sneak in

fauteuil *m.* armchair

féérique fairy-like

fendre to split

fendu slit; **des yeux bien —s large,** wide open eyes

fenêtre *f.* window

fente *f.* crack, slit, fissure

fer *m.* iron

ferraille *f.* scrap iron

fesse *f.* buttock; *pl.* buttocks, rump, behind

fête *f.* holiday, celebration

feu *m.* fire; **—x d'artifice** fireworks; **—x de signalisation** traffic lights

feuille *f.* leaf; **— de papier** sheet of paper

feutre *m.* felt, hat

ficeler to tie up (*with string*)

fidèle faithful

figer to fix

figure *f.* face; **faire —** to cut a figure, have an appearance

fil *m.* thread; edge (*of a knife*)

filer (*colloquial*) to beat it

filin *m.* rope

fillette *f.* little girl

fils *m.* son

filouterie *f.* swindle

fin soft, delicate; *f.* end, purpose

fiole *f.* phial, flask

fixer to fix, make firm; to look at intensely

flanc *m.* side, flank

flâneur *m.* idler, loafer

flaque *f.* puddle, pool, plash

fleuve *m.* river

flot *m.* waves

flotte *f.* fleet

flotter to float

flou soft, flowing

foi *f.* faith, belief; **faire —** to attest to

foin *m.* hay

fois *f.* time, instance

folie *f.* madness, folly

foncé dark (*in color*)

foncer (*colloquial*) to dash, rush

fonctionnaire *m.* civil servant

fond *m.* bottom; remnant

fondre to melt, blend; **se —** melt away, mix (*with*)

forer to bore

forfaiture *f.* misuse, abuse (*of authority*)

se formaliser to take offense

fortifiant *m.* tonic

fossé *m.* ditch

fou, fol, folle mad, wild

fouiller to dig, excavate; search

foule *f.* crowd, multitude

fouler to press; crush; trample

fourmi *f.* ant

fourmiller to swarm

fournir to supply, provide; complete

fourré *m.* thicket

fourrer to stuff, line with fur

fracas *m.* (*sound of*) crash

franchir to clear (*obstacle*), go over

frapper to strike, hit; **— à la porte** to knock at the door

fredonner to hum

frein *m.* brake; **mettre —** to curb (*someone's desires*)

fréquenter to associate with, visit, see often
friser to curl
froisser to rumple, crumple (*paper*)
frôler to touch lightly, brush, rub
froncer to pucker; **— les sourcils** to frown
frottement *m.* rubbing
frotter to rub, stroke
fuite *f.* leak, leakage
fumée *f.* smoke
fumer to smoke (*cigarettes*)
fumiste *m.* practical joker; fraud (*of a person*)
fusain *m.* drawing charcoal
fuser to spread insensibly, crackle
fusiller to shoot (*down*)

gage *m.* token, sign, pledge
gaillard *m.* (*hefty*) fellow
galbe *m.* curve, contour; **avoir du —** to be shapely
galet *m.* pebble
galetas *m.* garret, attic
gamin (*colloquial*) *m.* youngster
gant *m.* glove
garçon *m.* boy; waiter
garde-fou *m.* railing, guard rail, parapet
gare *f.* railway station
garer to park (*a car, etc.*)
gâteau *m.* cake
gauche left
gaucher *m.* left-handed (*person*)
gel *m.* frost
gêner to embarrass, constrain
genou *m.* knee
gens *m. pl.* people
giron *m.* lap; bosom
glaçage *m.* glossing; glazing
glacé frozen, icy, cold
glaise *f.* clay (*sculptor's*)

glissant slippery
glisser to slide; **se —** to slip in
goémon *m.* seaweed (*mostly in Brittany*)
golfe *m.* gulf, bay
gomme *f.* gum
gondolé buckled, warped
gonflé full, puffy
gorge *f.* throat
gorgée *f.* gulp, sip
gorger to cram
gosse (*colloquial*) *m.* kid, youngster
goudron *m.* tar
goûter to taste, enjoy
goutte *f.* drop (*of water*)
gouttière *f.* (*rain*) gutter
grâce *f.* grace, gracefulness; **de —** for pity's sake
grand'chose much (*usually with pas or sans*)
grappe *f.* cluster
grappin *m.* grapnel
gravier *m.* gravel
gravir to climb, ascend, mount
grêle *f.* hail
grêle slender, small, thin
grève *f.* strand, seashore, sandy beach
griffe *f.* claw
grimacer to grin, make faces
grimper to climb
grincement *m.* grinding, creaking, grating
gris gray
grondement *m.* rumble, rumbling
grosseur *f.* size
grossissant magnifying
grouiller to swarm
grue *f.* crane
gué *m.* ford
guenille *f.* tattered garment, old rag; **en —** (*clad*) in rags
guérite *f.* cabin; sentry box
guichet *m.* (*box-office*) window

habillement *m.* clothing, dress
habiter to live, inhabit
habitude *f.* habit; d'— usually
hachurer to hatch, hachure (*drawing*)
hagard wild-looking
haie *f.* hedge
hâlé sunburnt
haleine *f.* breath
haletant panting, gasping (*for breath*)
hanche *f.* hip
hanneton *m.* cockchafer, may bug
harceler to harass, pester
hardi bold
hâtivement hastily
hausser to shrug, lift
havre *m.* harbor, haven, port
herbage *m.* pasture
herbe *f.* grass
hérissé bristling
heurt *m.* shock, blow, knock, bump
hier yesterday
histoire *f.* history; story
honte *f.* shame
horloge *f.* clock
hors out of, outside, beyond
houe *f.* hoe
houle *f.* swell, surge (*of sea*)
huile *f.* oil; — de foie de morue cod-liver oil
hululement *m.* ululation, hoot (*of owls*)
hurler to howl

île *f.* island
îlot *m.* islet, small island
immeuble *m.* building
immoler to sacrifice
immondices *f. pl.* refuse, rubbish
imprimé printed; *m.* print
incomber (*used only in third person*) to be incumbent on, behoove

s'incurver to curve inward
index *m.* forefinger; index
indigène native
inébranlable unshakeable, immovable
inégal uneven
inépuisable inexhaustible
inespéré unexpected
infléchi inflected
influer to influence
ingérer to ingest
ingurgiter to ingurgitate, swallow
inhumer to bury
inlassablement tirelessly
inquiet anxious, disturbed
s'inscrire to register
insensiblement imperceptibly
s'installer to take place, settle (*down or in*)
instantané *m.* snapshot
insupportable unbearable
interdit *m.* convict (*under judicial disability*)
intimité *f.* inward parts, depths (*of one's being*)
inutilité *f.* uselessness
issu (de) sprung, descended from, born of
issue *f.* exit, outlet

jambe *f.* leg; à toutes —s at full speed
jardin *m.* garden
jauni yellowed, withered
jaunisse *f.* jaundice
jetée *f.* jetty, pier
jeter to throw
jeu *m.* game
jeunesse *f.* youth
jointure *f.* joint
joli pretty
joncher to strew, litter
joue *f.* cheek

jouer to play
jour *m.* day, daylight; **petit —** morning twilight
journalier daily
juste just, precisely

kiosque *m.* stand; **— à journaux** newsstand
klaxonner to honk

là-bas over there
lacérer to tear (*to pieces*)
lacet *m.* shoelace
lâche loose, slack
lâcher to release, let go
lâcheté *f.* cowardice
là-dedans in there, within
là-dessus thereon, thereupon
là-haut up there
laisser to let, allow; **se — aller** to let oneself go
laiteux milky, foamy
lampadaire *m.* lamp post
lande *f.* sandy moor, heath
lapin *m.* rabbit
laqué lacquered, polished
larme *f.* tear
larve *f.* larva
latéralement laterally, on the side
léger light (*weight*)
lenteur *f.* slowness
lèvre *f.* lip
liane *f.* liana, tropical creeper
libre free
lien *m.* tie, bond
lieue *f.* league (*about three miles*)
ligoter to tie (*someone up*)
limace *f.* slug
linge *m.* linen
linteau *m.* lintel
lisière *f.* edge (*of forest*)

lisse smooth, glossy
lit *m.* bed; **— de rivière** riverbed
logement *m.* lodging, housing
loin far, far away
lointain distant, far off (*country*)
longer to go along, pass near
se lover to coil up
lueur *f.* light
luire to gleam, shine
lumière *f.* light
lutter to fight, struggle

macelle *f.* skiff, keel-like
macérer to macerate; steep, soak; mortify (*flesh, etc.*)
macher to chew
machinalement unconsciously
magasin *m.* store
maillot *m.* bathing suit
main *f.* hand
maintenir to maintain; keep in position
maïs *m.* corn
maisonnette *f.* small house, cottage
maîtriser to subdue, overcome
mal *m.* evil, pain; **se faire —** to hurt oneself; **avoir —** to feel pain
malade sick (*person*)
maladie *f.* illness, disease
malaisé difficult
malcommode inconvenient, uncomfortable
malgré in spite of
malheureux *m.* wretched (*person*)
manche *f.* sleeve; **la Manche** The English Channel
mandibule *f.* mandible; (*colloquial*) jaw, mouth
manie (*colloquial*) f. inveterate habit, craze
manifestant *m.* demonstrator, participator

manque *m.*   lack, absence
manquer   to miss; fail
se maquiller   to put on makeup
marais *m.*   swamp, marsh land
marasme *m.*   slack, slump (*in business*)
marbre *m.*   marble
marchand *m.*   dealer, shopkeeper
marche *f.*   step, stair; rate (*of speed, of progress*)
marchepied *m.*   running board, stepping-stone
marcher   to walk; — **dessus**   to step on, tread on
mare *f.*   pond
marée *f.*   tide
marin *m.*   sailor
masquer   to mask, conceal
matelot *m.*   sailor, seaman
matinal   morning
mâture *f.*   masts, masts and spars
mécanique *f.*   mechanism
méconnaissable   unrecognizable
médiane *f.*   median, half-way line
méduse *f.*   medusa, jellyfish
mégot *m.*   (*cigarette*) butt
meilleur   better
mélanger   to mix
melon *m.*   bowler (*hat*)
mélopée *f.*   chant, recitative
même   even
ménagement *m.*   care, consideration
mendiant *m.*   beggar
mener   to lead
menteur *m.*   liar
se méprendre   to be mistaken
mépris *m.*   scorn, disdain
mer *f.*   sea
métier *m.*   trade, profession
se mettre (à)   to start (*doing something*)
meuble *m.*   piece of furniture
(à) mi-corps   to the waist
miette *f.*   crumb; **réduire en —s**   to crumble to pieces

mieux   better; **le —**   the best
milieu *m.*   middle, midst; **au — de**   amidst
(à) mi-voix   in an undertone, in a subdued voice
moins   less; **du —**   at least
montée *f.*   climb
mordre   to bite
mort *m.*   dead (*being*); *f.*   death
mortaise *f.*   mortise, slot
mouche *f.*   fly
mouette *f.*   gull, seamew
mouiller   to wet
mourir   to die
moussu   mossy
mugir   to bellow; roar
muni   equipped
mur *m.*   wall; — **mitoyen**   dividing wall
muraille *f.*   high defensive wall
muretin *m.*   little wall

nabot *m.*   dwarf, midget
nager   to swim
nain *m.*   dwarf
naissance *f.*   birth
nappe *f.*   sheet; — **d'eau**   sheet of water
narquoisement   slyly, quizzingly
nationaux *m. pl.*   nationals, natives (*of a country*)
navigateur *m.*   navigator (*of ship, plane*), sea traveler, seafarer
navire *m.*   ship
néanmoins   nevertheless
nef *f.*   nave (*of church*)
négliger   to neglect
neige *f.*   snow
nerf *m.*   nerve
nettement   clearly
nettoyer   to clean
niveau *m.*   level
niveler   to level, even up (*ground*)

Noël *m.* Christmas
noirâtre blackish, darkish
noiraud swarthy
nord *m.* north
nouer to tie, knot
noyade *f.* drowning
se noyer to drown
nu naked
nuage *m.* cloud
nuire to be harmful
nul, nulle none, nobody; **de nulle part** from nowhere
nu-pieds barefooted
nurse *f.* nanny

obliquer to be oblique, slant
obvier to obviate, prevent
occasion *f.* opportunity, chance; **d'—** used, second-hand
œil, yeux (*pl.*) *m.* eye; **coup d'œil** glance, wink
œuvre *f.* work
office *m.* divine service
oiseau *m.* bird
ombre *f.* shadow, shade
onde *f.* wave
ondulé wavy, rolling
ongle *m.* nail (*finger or toe*)
opposer to set, present, offer
orage *m.* storm
orchidée *f.* orchid
ordure *f. pl.* rubbish, refuse
orée *f.* edge, border, skirt (*of woods, etc.*)
oreille *f.* ear
orgues *f. pl.* organ
ornière *f.* rut
oser to dare
oubli *m.* forgetfulness
ouïr to hear (*used for archaic effect*)
ouverture *f.* opening

paille *f.* straw; straw-colored
pain *m.* bread
palais *m.* palate (*of mouth*)
pantalon *m.* trousers
pantoufle *f.* slipper
paquet *m.* package, bundle
paraître to seem
parcourir to travel through, traverse
pare-brise *m.* windshield
pare-choc *m.* bumper
pareil alike, similar, same
paresseux lazy
paroi *f.* wall
partance *f.* departure; **en —** (*ship*) about to sail
partout everywhere
pas *m.* step
pasteur *m.* minister
patenté licensed
patin *m.* skate; **— à roulettes** roller skate
pâtisserie *f.* pastry shop
patte *f.* paw, foot (*of animal*)
paume *f.* palm (*of hand*)
pavé *m.* paving stone
paysage *m.* landscape, scenery
paysan *m.* peasant
peau *f.* skin
péché *m.* sin
pêcheur *m.* fisherman
pédoncule *m.* peduncle, stem
peindre to paint, describe
peine *f.* sorrow
péllicule *f.* dandruff
penchant *m.* inclination, propensity
se pencher to lean
pendant during; *m.* counterpart; **faire —** to make a pair
pendre to hang
pénible painful
pente *f.* incline, hill, slope
pénurie *f.* scarcity, shortage; lack
percevoir to collect
perchoir *m.* (*bird*) perch, roost

perdre to lose; **se —** dans la foule to disappear in the crowd
périssant perishing
permettre to permit, allow
personne *f.* person; nobody
perturbation *f.* disturbance
peu little; **un —** a little
peupler to populate
phare *m.* lighthouse; headlight (*of car*)
picotement *m.* pricking
pièce *f.* room; play (*theater*)
piétiner to trample
piéton *m.* pedestrian
pile *f.* stack
piloter (*colloquial*) to guide, show someone around
pin *m.* pine tree
pincer to pinch
piqueté speckled
pire worse
pis-aller *m.* last resource
piste *f.* running track
pitre *m.* buffoon, clown
pivert *m.* green woodpecker, green peak, French pie
placard *m.* wall cupboard
placarder to stick, post
plage *f.* beach
plaindre to pity
plaire to please, inspire affection
plaisanterie *f.* joke
plancher *m.* floor
plaque *f.* patch, layer, sheet
plaquette *f.* thin slab (*of stone*)
plat flat, level; **à — ventre** on one's face
plateau *m.* tray
plâtre *m.* plaster
plein full
pleurer to cry, weep
plomb *m.* lead
pluie *f.* rain
plume *f.* feather
plusieurs several

pneu *m.* tire (*of car*)
poids *m.* weight
poignant touching
poignée *f.* handful
poil *m.* hair (*of body*); **—s** hair, fur
poing *m.* fist
pointe *f.* tip, summit
pointillé *m.* dotted line
poivrier *m.* pepper plant
polir to polish, smooth
polyédrique polyhedral, many-faced
pondéré well-balanced (*mind*); level-headed (*person*)
porte *f.* door; **— cochère** carriage doorway
poser to place, put, set
poste de police *m.* police station
postiche false, artificial
pouce *m.* thumb
poumon *m.* lung
pourrir to rot, decay
poursuite *f.* pursuit, lawsuit
poursuivre to continue, go on
pourtant however
pourvu que so long as
pousser to push
poussière *f.* dust
pouvoir to be able, can
prairie *f.* meadow
pré *m.* meadow
préalable preliminary
précaire precarious
prendre to take; **— pour** mistake for
presque almost
presser to press; **— le pas** to hasten one's step
pression *f.* pressure
prêter to lend
preuve *f.* proof
prévoir to foresee
prier to request

prime first; — **jeunesse** early youth

prise *f.* hold, grasp, grip; **aux —s avec** at grips with

proche near

profiter to take advantage

profondeur *f.* depth

se prolonger to extend

promontoire *m.* promontory, cape

propre proper; **être — à** to be characteristic of

proue *f.* bow

provenir (de) to proceed, result, come (*from*)

puis then

puiser to draw, fetch up (*a liquid*)

puissance *f.* potential; **en —** potentially

puissant powerful

puits *m.* water well

rabattre to turn down, push down

raccorder to connect, join

raccourci *m.* shortcut

raccourcir to shorten; grow shorter

racler to scrape, rake

raide stiff

se raidir to stiffen, grow stiff; tighten

râle *m.* rattle (*in the throat*)

ralentir to slow down, slacken

ramasser to gather together

rame *f.* oar

ramer to row

rancœur *f.* rancor, bitterness

rancune *f.* spite, grudge

randonnée *f.* outing

rangée *f.* row, line

se ranger to pull aside (*a car*)

rapetissant diminishing

rapetisser to shorten, become shorter

rapeux raspy, grating (*sound*)

rapport *m.* relation; **par — à** in relation to

se rapprocher to come closer, draw near

ras *m.* level; **au — de** flush with

raser to shave; raze; pass close to

se rasseoir to sit down again

rater to fail, miss

rattraper to recapture; overtake, catch up; **se —** to recoup oneself

rayer to scratch, cross out

rebrousser to turn back; — **chemin** to retrace one's steps

récolte *f.* harvest

recourir (à) to have recourse to

recouvrer to recover

se recueillir to collect oneself, one's thoughts

reculer to move back, step back

(à) reculons backwards; **avancer à —** to move backwards

redevenir to become again

redouter to dread, fear

redresser to right; — **la tête** to hold up one's head

réduire to reduce

réduit *m.* retreat, nook

refluer to flow back, surge back

refouler to drive back, force back

refroidi cold, cooled off

regard *m.* look, glance, gaze

rejoindre to meet, encounter again

relevé raised, turned up

se relever to rise (*again*)

relier to bind, connect

remise *f.* shed

remontée *f.* climb, upward course

remonter to go back up, pull up, wind up

remords *m.* remorse

remous *m.* eddy

remplir to fill

remporter to carry back; win (*prize*)

rencontrer to meet, find

rendement *m.* output

rendre to render; give back; **se — compte** to realize, calculate

renifler to sniff, snort, snuffle

renouveler to renew

renseigner to inform

se renverser to turn over

reparaître to reappear

repartir to depart again, set out again

repasser to pass again, go back

repère *m.* landmark, reference mark

répit *m.* respite

repli *m.* fold, crease, turn

réplique *f.* replica

repos *m.* rest, stillness

repousser to push back, shove back

reprendre to recommence, start up again

représailles *f. pl.* reprisals

reptation *f.* creeping, crawling

requin *m.* shark

réseau *m.* network

ressasser to resift, **— la même histoire** to tell the same old story over and over again

ressaut *m.* swell, projection

se resserrer to tighten, retie

résultat *m.* result

retardataire latecomer

retardement *m.* delay

retour *m.* return

retourner to turn inside out; **se —** to turn around

rétrécir to shrink

se retrouver to find oneself once again

rêve *m.* dream

revenir to come back; **— sur ses pas** to turn back, retrace one's steps

réverbère *m.* street lamp

revêtement *m.* coating; top (*of roads*)

révolu completed (*time*)

rez-de-chaussée *m.* ground floor

richesse *f.* wealth

rigolade (*colloquial*) *f.* fun, joke

rigole *f.* gutter, ditch

rire to laugh; *m.* laughter

rivage *m.* shore

rive *f.* bank, shore

riz *m.* rice

robe *f.* dress

roche *f.* rock, boulder

rocher *m.* rock, boulder

rôder loiter, hang about

rognures *f. pl* clippings (*nail clippings*)

ronce *f.* thorn, bramble

ronger to gnaw; **être rongé** to be tormented

rose pink

rosée *f.* dew

rouage *m.* wheelwork, mechanism

roue *f.* wheel; **— de secours** spare wheel

rouge *m.* rouge (*cosmetic*); **— à lèvres** lipstick

rougir to blush

rouler to circulate (*cars*); roll, roll over

route *f.* road, way

ruban *m.* ribbon

se ruer to hurl, fling (*oneself at someone*), rush, dash

ruisseler to trickle, drip

rumeur *f.* confused or distant murmur; rumor

sable *m.* sand

saigner to bleed

saillant prominent, standing out

saillie *f.* spurt; projection, ledge; **pierre en —** projecting stone

sain healthy, clean

saisir to grasp, take hold

saisissant striking

sale dirty

salutiste *m.* salvationist; member of the Salvation Army

santé *f.* health

sarcloir *m.* spud

sauf save; but, except

sauter to jump, go over; **faire —** to wreck, blow up

scintillation *f.* sparkling

sclérosé sclerosed, hardened

scruter to scrutinize, scan, examine closely

sec, sèche dry

sécher to dry, wilt

secouer to shake

secours *m.* help; **appeler au —** to call for help

secousse *f.* jolt, jerk

sein *m.* breast, bosom

semaine *f.* week

sembler to seem

semer to sow, strew

sempiternel everlasting

sens *m.* direction; meaning

sensiblement appreciably, perceptibly, obviously

sentier *m.* path

sentir to smell, smell of

sergent *m.* sergeant; **— de ville** policeman

serinette *f.* bird organ

serment *m.* oath

serre *f.* greenhouse

serré put away

serrer to squeeze, press together

(de) service on duty

seuil *m.* threshold (*of door*); **sur le —** at the door

seul alone; **tout —** all alone, on one's own

seulement only

sève *f.* sap

sillonner to furrow

singe *m.* monkey

smoking *m.* tuxedo, dinner jacket

socle *m.* pedestal

soi-distant supposedly

soie *f.* silk

soigneusement carefully

soirée *f.* evening

sol *m.* ground, earth

soleil *m.* sun

sombre dark, somber, gloomy; **faire —** to be dark

sommeil *m.* sleep; **avoir —** to be sleepy

sommet *m.* summit, top

sonde *f.* sounding-line, taster

songe *m.* dream

sonnette *f.* doorbell

sortie *f.* exit

sot silly, stupid, foolish

souci *m.* worry

soucieux concerned

soudain suddenly

souffle *m.* breathing

souffler to blow

souffrant suffering, indisposed

se soulever to rise

soupape *f.* valve

soupçonner to suspect

soupir *m.* sigh

soupirail *m.* air hole: (*cellar*) ventilator

souplesse *f.* suppleness

sourcil *m.* eyebrow

sourd deaf; muffled, muted

sourdement dully, with a hollow sound

sourire *m.* smile

sournois artful, crafty; cunning shifty (*look*)

soutenir to sustain, support

souvenir *m.*   memory, remembrance
stationnement *m.*   parking
store *m.*   (*window*) blind
suave   sweet, soft
subir   to undergo
suc *m.*   sap, juice
succéder   to follow after
succion *f.*   suction
succursale *f.*   *branch* (*of bank, establishment*)
sucré   sweet, sugared
sucrerie *f.*   sweets
sud *m.*   south
suie *f.*   soot
suite *f.*   continuation
supprimer   to suppress, eliminate
suralimentation *f.*   overfeeding
surcroîssance *f.*   overgrowth
surnommé   nicknamed
surtout   especially
surveiller   to watch, observe
syndicat *m.*   trade association, union

tâche *f.*   task
tacher   to stain, spot
taille *f.*   size, height
tailler   to cut
taillis *m.*   brushwood
se taire   to keep silent, stop talking
talon *m.*   heel
talus *m.*   slope, ramp, bank
tampon *m.*   buffer, plug; **faire —** to stick to
se tapir   to squat, lurk; ensconce oneself
tapis *m.*   carpet
tapoter   to pat
tarder   to delay, put off; be late
tas *m.*   heap, pile; (*colloquial*) lot
tasse *f.*   cup
taupinière *f.*   molehill
tellement   in such a manner; to such a degree

tempe *f.*   temple (*head*)
tendre   to hold out, offer; stretch
tendre   soft
tenter   to try, attempt; tempt
terminer   to end
terrain *m.*   plot, lot
tige *f.*   stem
tirer   to pull out
tissage *m.*   weaving
tituber   to reel (*about*), stagger, lurch
toile *f.*   canvas
toilette *f.*   dress, attire
toit *m.*   roof
tombeau *m.*   tomb, grave
tombereau *m.*   tipcart
tonne *f.*   ton
touffe *f.*   clump
touffu   bushy (*beard, etc.*); **récit —** involved narrative
tour *m.*   circuit
tourbière *f.*   peat bog
tourbillon *m.*   eddy, whirlpool
tournant *m.*   curve, bend (*of road*)
tournoyer   to whirl
tout   all; **— à l'heure**   a while ago, later
tracé *m.*   layout, stitching
traîne *f.*   drag; train (*of lady's dress*)
se traîner   to crawl, drag oneself
trame *f.*   woof, web
tramway *m.*   streetcar
tranche *f.*   slice, slab
trancher   to cut, decide, settle (*an argument*)
travail *m.*   work
traversée *f.*   crossing
trébucher   to stumble
tremblement *m.*   trembling
trésor *m.*   treasure
triste   sad
trombe *f.*   waterspout; **— de vent** whirlwind
tronc *m.*   trunk (*of tree*)

tronquer to truncate
trop too much
trottoir *m.* sidewalk
trou *m.* hole
troubler to disturb
trouer to make a hole, perforate
trousse *f.* kit; medical pouch
se trouver to find oneself, be present
tuer to kill
tuile *f.* (*roofing*) tile
tumulte *m.* turmoil
tuyauterie *f.* pipe and tube works
type (*colloquial*) *m.* guy

us *m. pl.* usages, ways
usé used, worn, shabby
usine *f.* factory
utile useful

vache *f.* cow
vaguement vaguely
valise *f.* suitcase
vaquer to be vacant
varech *m.* wrack (*seaweed cast ashore*)
vase *f.* mud, slime
veau *m.* calf
veiller to keep vigil, watch
velours *m.* velvet
velu hairy
venir to come; — de (*plus infinitive*) to have just
ventre *m.* belly, womb
verdâtre greenish
verdi verdigris
verdure *f.* greenness
vergogne (*archaic*) *f.* shame

verre *m.* glass; **prendre un** — to have a drink
verrue *f.* wart
verser to pour
veston *m.* jacket
vêtu dressed
veule weak, feeble; drab
vide empty; *m.* void, emptiness, nothingness
vider to empty
vieux, vieille old
vif sharp
ville *f.* city, town
vis *f.* screw; **escalier à** — spiral staircase
viser to countersign, certify
visqueux viscous, slimy
vite fast; **au plus** — as fast as possible
vitesse *f.* speed; **boîte de** —s gearbox, transmission
vitre *f.* windowpane
vitrine *f.* shopwindow
vivant *m.* living being
vivre to live
voie *f.* way, path
voiler to veil
voir to see
voisin *m.* neighbor
voiture *f.* car
volant *m.* steering wheel
volet *m.* shutter
volontiers willingly, gladly
volute *f.* spiral (*curl of a wave*)
vouloir to want
voûte *f.* vault, arch
voyou (*colloquial*) *m.* (*young*) loafer, street bum, hooligan
vrai *m.* true
vu (*preposition*) considering, seeing
vue *f.* view, sight

Date